DESCRIPTION

GÉOGRAPHIQUE,

HISTORIQUE

ET

PHYSIQUE

DE L'UNIVERS,

EN FORME

DE JOURNAL.

A PARIS,

Chez **CAILLEAU**, Imprimeur-Libraire, rue Saint-
Severin, vis-à-vis des murs de l'Eglise.

JANVIER 1775.

DESCRIPTION

GÉOGRAPHIQUE,

HISTORIQUE ET PHYSIQUE

D E

L'UNIVERS.

AVANT-PROPOS.

LA Géographie eſt une Science ſi agréable & ſi utile, qu'il faut être de la derniere ſtupidité pour ne pas ſentir la néceſſité de ſon étude. Je ne répéterai point ici ce que j'en ai dit dans le *Proſpectus* de ce Journal, & je me contenterai d'ajouter que perſonne ne peut s'en paſſer : c'eſt par elle qu'un Voyageur s'inſtruit de ce qu'il y a de curieux & de remarquable dans les Pays qu'il parcourt, que le Théologien explique pluſieurs endroits de l'Ecriture-Sainte, & qu'un Souverain ſe met au fait de ſes Etats & de ceux de ſes voiſins. La Géographie nous conduit encore à la connoiſſance de l'Etre ſuprême. Le globe que nous habitons porte par tout des marques de ſa bonté, de ſa ſageſſe, & de ſa puiſſance. C'eſt par

A ij

lui que l... ...ats subsistent ; c'est lui qui dirige les ré-
...lions qu'ils éprouvent & qui les gouverne , &
qui , malgré l'éloignement où plusieurs se trouvent,
entretient le commerce que les Peuples ont entr'eux.
La richesse des uns supplée à la disette des autres, &
la Providence a ménagé les choses de façon , que
tous ensemble trouvent leur avantage dans la ré-
partition de ce qui leur est superflu.

On ne peut voir sans étonnement la manière dont
les hommes sont parvenus à cultiver les terres qu'ils
habitent , les villes qu'ils ont bâties , l'art qu'ils ont
employé , & les efforts qu'ils ont fait pour surmonter
les obstacles que la Nature opposoit à leurs desseins.
Ils n'ont fait que seconder ceux de l'Etre suprême ; &
si leurs ouvrages avoient été contraires à sa volonté ,
il lui eût été facile de les détruire avec plus de fa-
cilité qu'ils ne les avoient achevés : quantité de villes
fameuses sont rentrées dans le néant , & leur ruine
a paru un songe à leurs habitans , parce qu'ils en
ignoroient la cause.

On doit conclure de ces réflexions , que l'étude
de la Géographie est , après celle de la Religion & de
la Morale , la plus utile à laquelle on puisse s'appli-
quer. On me dira peut-être qu'on peut y suppléer
par les voyages ; mais je réponds à cela, que tout le
monde n'est pas en état de voyager , & que d'ailleurs ils supposent des connoissances que l'on ne peut
acquérir qu'avec le secours de la Géographie. Quiconque voyage sans être instruit , court risque de se cor-
rompre , au lieu de se perfectionner; car tous les pays
se ressemblent à peu de chose près , & les voyages pro-
duisent très-peu de changement dans l'ame , à moins
qu'on n'ait soin d'améliorer son esprit par les observations que l'on fait. Un homme qui a remarqué
dans l'Histoire les inconvéniens attachés aux différentes sortes de Gouvernemens, apprend à se sou-
mettre à celui sous lequel il est né ; mais la Géogra-

phie ſert d'aſſaiſonnement à cette étude, & l'on peut-même dire qu'elle eſt inutile ſans elle. En effet, quel fruit peut-on tirer de l'Hiſtoire, lorſqu'on ignore la ſituation & la conſtitution des pays dont les Auteurs parlent ? On ne peut s'en former une juſte idée, ni profiter des leçons qu'elle donne.

Les révolutions des Etats fourniſſent matière à quantité de réflexions utiles. Elles nous donnent lieu d'examiner, ſi elles ſont l'effet de la vertu ou du vice. Lorſqu'on voit des contrées entières dépeuplées, des villes auſſi fameuſes que l'ancienne Babylonne, ſervir aujourd'hui de repaire aux bêtes ſauvages, on s'apperçoit aiſément que les vices & la dépravation des mœurs ſont les cauſes naturelles & les avant-coureurs de la chûte des Empires, & que les Etats qui ont fleuri dans le monde, n'ont dû leur élévation qu'à la vertu. Voyant que leurs révolutions ont été prédites, on eſt aſſuré qu'elles ne ſont ni l'effet du haſard, ni des cauſes naturelles, mais celui d'une Providence, qui étend ſes vues ſur toutes les choſes créées.

INTRODUCTION
A LA GÉOGRAPHIE.

CHAPITRE PREMIER.

De la Géographie en général.

TOUT le monde ſçait que le globe que nous habitons eſt compoſé de terre & d'eau. La ſcience qui donne la deſcription de la terre, eſt appellée *Géographie*, & celle qui a l'eau pour objet, *Hydrographie.*

On comprend cependant sous le nom de Géographie la description de la Terre & de l'Eau, parce que ces deux corps ne forment qu'un même globe, dont la Terre est la plus considérable partie.

On divise la Géographie, considérée seulement par rapport à la Terre, en deux autres parties; sçavoir, la *Géographie*, qui est la Description d'une région particulière, par exemple, de la France; & la *Topographie*, qui est celle d'un lieu particulier, comd'une Ville, d'un Château, &c.

La Géographie s'occupe de deux objets, sçavoir de la connoissance du Globe que nous habitons, suivant son état naturel & civil. Comme la Terre n'est qu'une partie de l'Univers, la Géographie n'est également qu'une partie de la *Cosmographie*, qui est la Description du Monde ou de l'Univers entier. Elle traite de la Terre qui nous est connue, car il y a des parties vers les deux Pôles qu'on n'a pas encore découvertes, & dont il est par conséquent impossible de donner la description.

En considérant la Terre suivant son état naturel, il faut avoir égard à sa forme, à son étendue, à sa situation, à son rapport avec les autres corps de l'Univers, & à ce qui est susceptible de mouvement, soit sur sa surface, soit dans son sein. Ces dernieres observations sont purement *physiques*, & différent des premieres, auxquelles on donne le nom de *mathématiques*.

On entend par *état civil* de la Terre sa division en pays, leur constitution, leur étendue, leur force, leur position, leur gouvernement, le génie de leurs habitans, leurs villes, &c.

Le second objet de la définition que j'ai donnée, est la connoissance de toutes les choses que je viens de détailler, laquelle suppose celle de la *Sphère* & des Cartes, qui nous représentent la Terre en deux Hemisphères égaux, ou en quatre parties, ou les différens pays qu'ils comprennent. Leur collection eſt ce qu'on appelle un *Atlas*.

Les meilleurs ſont ceux de Michel & Jean Blaeu, de P. Janſon, de Samſon, de François Witt & de Wiſcher, d'Homan, de MM. Guillaume de Liſle, Robert de Vaugondi, &c. Le nombre des Cartes Géographiques va au-delà de 16000, mais il n'y en a que 700 d'originales.

La Deſcription Mathématique de la Terre examine ſa forme, ſa grandeur, ſa ſituation relativement aux autres corps de l'Univers dont elle fait partie. Les Sçavans lui ont donné différentes formes; mais on a des preuves qu'elle eſt ronde.

1°. Lorſqu'on va du Septentrion au Midi, les étoiles du Midi s'elévent, & celles du Septentrion ſe cachent ſous l'horiſon : le contraire arrive lorſqu'on va du Midi au Septentrion.

2°. Les Peuples qui demeurent vers l'Orient, voyent le Soleil & les étoiles avant ceux qui demeurent vers le couchant.

3°. Ceux qui voyagent par terre ou par mer, apperçoivent la pointe des clochers, des montagnes & des mâts à une diſtance fort éloignée; tandis que le bas eſt caché ſous l'horiſon.

4°. Enfin, ce qui prouve que la terre eſt ronde, ce ſont les voyages qu'on a fait autour.

Je ne rapporterai point ici les tentatives qu'on a faites pour connoître exactement la figure de la Terre, & je me contenterai d'apprendre au Lecteur qu'on donne à ſa circonférence meſurée par l'Equateur, 20,558,520 toiſes de France. Que l'on diviſe l'Equateur, de même que les autres cercles, en 360 degrés, dont chacun contient quinze milles d'Allemagne.

A iſ

CHAPITRE II.

De la position de la Terre.

ON n'est point d'accord sur la position de la Terre relativement aux autres corps de l'Univers, & l'on trouve à ce sujet trois opinions différentes.

Pro'omée suppose qu'elle est immobile au centre de l'Univers, & que les Astres se mouvent autour d'elle dans l'ordre suivant, sçavoir : la Lune, Mercure, Venus, le Soleil, Mars, Jupiter, Saturne, & les étoiles fixes ; mais cette opinion est contraire à l'expérience.

Tycho-Brahé, Astronome Danois, place comme lui la Terre au centre de l'Univers, & fait mouvoir autour d'elle la Lune & le Soleil qu'il donne pour centre au mouvement qu'il assigne à Mercure, à Venus, à Jupiter & à Saturne, au moyen de quoi la Terre devient le centre des étoiles fixes. Les Astronomes rejettent ce système, parce qu'il ne s'accorde pas avec les phénomènes qu'ils observent au Ciel.

Nicolas Copernic, Chanoine de Thorn en Prusse, a renouvellé un système de l'Univers qu'Aristarque de Samos, & Philolaüs, Pryhagorien avoient imaginé ; mais qu'il a perfectioné : c'est de placer le Soleil immobile à peu-près au centre de l'Univers, & de faire tourner toutes les Planetes autour de lui, selon qu'elles en sont plus ou moins éloignées ; mais outre ce mouvement, chaque Planete en a un particulier qui la fait tourner sur son axe. Mercure est celle de toutes qui approche le plus du Soleil ; après elle viennent Vénus, la Terre, accompagné de la Lune, qui se meut autour d'elle ; Mars, Jpiter avec ses 4 Satellites, & enfin Saturne, qui est le centre du mouvement des cinq qui l'entourent. Les étoiles fixes sont immobiles, quoiqu'on les fasse tourner sur leur axe.

Malgré la vérité apparente de ce fyftême , les Géographes continuent de placer la Terre au centre de l'Univers, & de faire tourner autour d'elle tous les corps céleftes.

CHAPITRE III.

De la Sphère.

COMME la connoiffance du Globe que nous habitons fuppofe celle de la Sphère , il convient de faire connoître au Lecteur les points & les cercles qui la compofent, pour que rien ne puiffe l'arrêter dans la fuite de cet Ouvrage.

En admettant que la Terre eft placée au centre de l'Univers, & que le Ciel fait une révolution autour d'elle toutes les vingt-quatre heures , il s'enfuivra qu'il y a au Ciel deux points fixes & oppofés autour defquels elle fe meut , auxquels on donne le nom de *Pôles.*

Les Pôles. Celui qui eft vers le Nord s'appelle *Pôle Arctique* , à caufe de la Conftellation de l'Ourfe nommée en grec *Arctos* , dont il eft proche. On l'appelle auffi *Septentrional & Boréal.*

L'autre eft nommé *Antarctique* , parce qu'il eft oppofé à l'*Arctique.* On le nomme auffi *Méridional & Auftral.* Nous ne voyons fur notre Hemifphère que l'étoile du Nord ; celle du Sud nous eft toujours cachée.

L'axe du Monde eft une ligne droite tirée d'un Pôle à l'autre, qui paffe par le centre de la Terre & de la Sphère, fur laquelle l'Univers fait une révolution en vingt-quatre heures d'Orient en Occident, qui eft le premier mouvement des Aftres.

Cet axe eft repréfenté dans la Sphère artificielle par

deux morceaux de fil de fer fur lefquels elle tourne.

Les deux points que cette ligne marque, tant en entrant dans la terre, qu'en en fortant, font appellés *Pôles du Monde*, & ils font éloignés l'un de l'autre de 180 dégrés.

L'Axe. Dans quelque endroit de la terre que l'on foit, on peut fuppofer une ligne qui paffe par le centre de la terre, & va fe terminer au Ciel de part & d'autre. Le point qui répond directement au-deffus de notre tête, s'appelle *Zenith*, ou point vertical, & celui qui lui eft oppofé, *Nadir*. Ces deux mots font Arabes.

Chaque perfonne a fon *Zenith* & fon *Nadir*, & elle en change auffi fouvent qu'elle change de place. Comme la Terre eft extrêmement petite par rapport à l'Univers, on ne donne à une ville entiere qu'un feul *Zenith*.

L'Horifon. L'horifon eft un grand cercle qui divife le Monde en deux Parties égales, ou en deux Hémifphères, dont l'un eft fupérieur & vifible, & l'autre inférieur & invifible.

Ce cercle eft le plus large de tous ceux de la Sphère artificielle; il eft immobile, & c'eft fur fa circonférence que fon marqués les douze Signes du Zodiaque, les jours des douze mois, & les trente-deux vents.

On peut auffi remarquer aifément ce cercle dans la Sphère naturelle; car dans quelque endroit que nous puiffions nous trouver, nous ne découvrons jamais qu'une partie du Ciel, laquelle eft plus grande lorfque nous fommes dans une vafte pleine, qu dans un fond.

On divife l'Horifon en *rationnel & fenfible*. Le premier eft un grand cercle que l'on conçoit paffr par le centre de la terre, & qui divife, comme n l'a dit ci-deffus, le Monde eft deux parties égale, l'une fupérieure & vifible, & l'autre inférieure &

inviſible. On le nomme *rationel*, parce qu'on ne le conçoit que par l'entendement.

L'*Horiſon ſenſible*, eſt un petit cercle parallele à l'Horiſon rationel, qui touche la ſurface de la terre dans le point où ſont nos pieds, ce qui fait qu'il ne diviſe pas le Ciel en deux parties égales comme le premier.

Lorſqu'on eſt ſur une hauteur, cet horiſon eſt plus grand, à proportion que l'endroit eſt plus élevé, & la contrée plus unie.

Les Pôles de ce cercle ſont appellés *Zenith* & *Nadir*.

L'*Equateur*. L'Equateur, qu'on appelle auſſi *Equinoxial*, ou ſimplement la *ligne*, eſt le premier de tous les grands cercles de la Sphère. Il diviſe la terre en deux Hémiſphères égaux, ou en deux parties égales, ſçavoir, en *Septentrionale & Meridionale*.

La partie Septentrionale s'étend depuis l'Equateur juſqu'au Pôle Arctique ; & la Méridionale, depuis ce même cercle juſqu'au Pôle Antarctique. Ce cercle eſt éloigné de 90 degrés de chaque Pôle du Monde, & on le diviſe, de même que tous les autres cercles, en 360 degrés.

Les points où il coupe l'Horiſon, ſont les points du vrai Orient & du vrai Occident, & ces deux points, avec les deux Pôles du Monde, donnent les quatre points cardinaux, qui ſont l'Orient, l'Occident, le Septentrion & le Midi.

L'Equateur eſt la baſe de la conſtruction des Cadrans ſolaires.

Le Méridien. Le Méridien eſt un cercle qui paſſe par les deux Pôles, par l'Equateur, & par l'Horiſon, & diviſe le Ciel en deux parties égales, dont l'une, ſçavoir celle où le Soleil ſe leve, s'appelle *Hémiſphère oriental*, & celle où il ſe couche, *Hémiſphère occidental*.

On ne donne le nom de Méridien qu'à la moitié de ce cercle.

Chaque lieu n'a qu'un Méridien, mais qui paſſe

par plufieurs endroits de la terre. Il eft midi pour tous les Peuples fitués fous ce cercle , au moment que le Soleil le traverfe.

On le connoît dans la Sphère artificielle , en ce qu'il eft moins large que l'Horifon , & immobile dans fes entrecoupures. C'eft auffi à lui que la Sphère eft attachée, & elle tourne fur fes Pôles qui repréfentent ceux du Monde.

Pour le connoître dans la Sphère naturelle , on n'a qu'à imaginer la moitié d'un grand cercle , paffant par le Soleil à l'heure de midi , & par le Zenith du lieu où l'on eft , & allant fe terminer à l'horifon.

Premier Méridien. Le premier Méridien eft celui par où l'on commence à compter les degrés de l'Equateur , en allant d'Occident en Orient. La nature ne l'a point fixé, & l'on peut choifir comme tel celui que l'on veut. Les Hollandois font paffer leur premier Méridien par le Pic de Teneriffe , une des Ifles Canaries, les Anglois par la ville de Londres, & les François par l'Ifle de Fer , la plus occidentale des Canaries.

Latitude. La latitude d'un lieu n'eft autre chofe que fon éloignement de l'Equateur ; & elle eft feptentrionale ou méridionale , felon que cet éloignement eft entre l'Equateur & le Septentrion, ou entre ce même Cercle & le Midi. On la mefure fur le Méridien du lieu dont on veut connoître la latitude, & elle eft égale à la hauteur du Pôle par rapport au même lieu. Lors donc qu'on a trouvé cette hauteur, on connoît la latitude. Il fuffit de fouftraire les degrés qu'elle comprend des 90 degrés qu'il y a entre l'Equateur & les deux Pôles; le nombre de ceux qui refteront marquera l'éloignement où ce lieu eft du Pôle , de même que l'élévation de l'Equateur au-deffus de l'Horifon du lieu dont on cherche la latitude.

Par exemple , fachant que la latitude Septentrionale de Copenhague eft de 55 degrés, 40 minutes 59 fecondes, on trouvera, en faisant la souftraction, 34 degrés, 19 minutes pour la hauteur de l'Equateur, & pour la diftance de cette ville du Pôle Arctique.

Les endroits fitués fous l'Equateur n'ont aucune latitude, ni hauteur du Pôle, parce que leurs deux Pôles font dans l'horifon. Ceux au contraire qui font fous les Pôles ont la plus grande latitude, parce qu'ils ont l'Equateur dans leur horifon.

Longitude. La longitude d'un lieu eft la diftance où fon Méridien fe trouve du premier, & on la compte fur l'Equateur. Lorfqu'on fçait la latitude & la longitude d'un lieu, il eft aifé de marquer la place qu'il occupe fur le Globe.

On nomme *Cercles parallèles*, ceux qui font parallèles à l'Equateur, qui ont pour centre le Pôle Arctique ou Antarctique, & qui diminuent à mefure qu'ils en approchent ; ce qui fait que les 360 degrés qu'ils contiennent diminuent dans la même proportion : leur plus grande étendue eft près de l'Equateur : les Géographes ont donné des Tables qui indiquent le rapport qu'ont leurs degrés avec ceux de l'Equateur.

Les Tropiques. On remarque deux fortes de mouvemens apparens dans le Soleil. Il paroît faire le tour du Monde toutes les vingt - quatre heures, c'eft ce qu'on appelle fon *mouvement journalier* ou *ordinaire* ; & il le fait d'Orient en Occident. Mais on obfervera que cet Aftre n'eft pas toujours à une hauteur égale dans chaque Méridien, & qu'il eft à l'égard de l'horifon, tantôt plus haut & tantôt plus bas.

Par exemple, au commencement du Printems, il eft dans l'Equateur, & alors le jour eft égal à la nuit. A compter de ce terme, il monte tous les midis plus haut vers le Pôle Arctique, jufqu'à ce qu'il foit arrivé au *Tropique du Cancer*, qui en eft éloigné de 23 degrés 30 min. ; & pour lors les Peuples qui demeurent entre l'Equateur & le Pôle Arctique ont le jour le plus long.

Cet Astre retournant ensuite sur ses pas , se rapproche tous les jours de l'Equateur, l'atteint au commencement de l'Automne , rend de nouveau le jour égal à la nuit, & descend vers le Pôle Antarctique. jusqu'à ce qu'il soit arrivé à une autre cercle parallele, qu'on appelle *Tropique du Capricorne* ; & alors les Peuples qui habitent entre l'Equateur & le Pôle Antarctique , ont le jour plus long que ceux qui habitent au-delà de l'Equateur vers le Nord. Delà le Soleil remonte vers l'Equateur , & y rentre au Printems.

Ce second mouvement, qui se fait d'Occident en Orient , & qu'on appelle *Annuel* ou *Propre* , est opposé au premier. Le chemin que le Soleil paroît tracer, est appellé *Ecliptique* , & forme un cercle qui coupe l'Equateur dans deux points opposés, en formant un angle de 23 degrés 30 min. aux points Equinoxiaux.

Ce Cercle, que les Astronomes ont divisé en 360 degrés, est encore partagé en 12 parties égales de 30 degrés, dont chacune a reçu son nom de la Constellation qui en approche le plus. Voici l'ordre dans lequel ces signes sont placés au Ciel, en allant d'Orient en Occident.

Le Belier, le Taureau, les Jumeaux, l'Ecrevisse , le Lion, la Vierge, la Balance, le Scorpion, le Sagittaire, le Capricorne, le Verseau, les Poissons.

Les Colures. Les Colures, sont deux cercles qui s'entrecoupent à angles droits aux Pôles du Monde, dont l'un est nommé *Colure des Equinoxes* , parce qu'il passe par les deux sections de l'Equateur & de l'Ecliptique qui marquent les Equinoxes ; l'autre, *Colure des solstices* , parce qu'il montre les deux points de l'Ecliptique où se font les solstices.

Les Cercles polaires. Les Cercles polaires sont deux petits cercles paralleles à l'Equateur , décrits par les Pôles de l'Ecliptique autour de ceux du Monde. On les nomme *Polaires* , à cause qu'ils ont les Pôles du Zodiaque dans leur circonférence, ou parce qu'ils font voifins de ceux du Monde. Celui qui eft vers le Nord s'appelle *Cercle polaire Septentrional*, & celui qui eft vers le Midi, *Cercle polaire Méridional*. Chacun de ces Cercles eft éloigné du Pôle de 23 degrés 30 minutes.

Les Zones. Les deux Tropiques & les deux Cercles polaires enfemble, divifent le Ciel & la Terre en cinq *Zones* ou bandes, fçavoir, la *Torride*, qui eft dans le milieu entre les deux Tropiques, qu'on a ainfi appellée parce que la chaleur y eft toujours très-forte ; les deux *tempérées*, renfermées entre les Tropiques & les Cercles polaires ; & les deux *froides*, qui font entre ceux-ci & les Pôles. L'Equateur fait le milieu de la Zone torride ; & les Pôles le milieu des froides.

Les Climats. L'inégalité des jours & des nuits augmente à mefure que l'on avance de l'Equateur vers les deux Pôles , & chaque endroit a par an fon plus long & fon plus court jour. Les plus longs jours font d'une grandeur différente, & comme ils augmentent d'une demie heure par chaque degré de latitude , on a tracé des cercles parallèles, & appellé *Climat* l'efpace compris entre deux de ces cercles. Comme la connoiffance des Climats ne fert que pour l'intelligence des Géographes anciens , je n'en dirai rien de plus.

CHAPITRE IV.

Des différentes pofitions de la Sphère.

SPHERE *droite.* Ceux qui habitent fous l'Equateur ont la *Sphère droite*, parce que l'Equateur du Ciel & fes cercles parallèles , de même que le Soleil & les Etoiles, forment, par rapport à eux, des angles droits

avec l'horifon, ce qui fait qu'ils n'ont point d'élévation de l'ôle, les deux Pôles fe trouvant dans leur horifon.

Ces Peuples n'ont point d'ombre à midi, lorfque
le Soleil eft directement au-deffus de leur tête, d'où
vient qu'on les appelle *Afciens*, ou fans ombre; mais
le refte de l'année leur ombre eft tournée, ou vers
le Septentrion, ou vers le Midi, ce qui les a auffi
fait nommer *Amphifciens*, ou à double ombre.

Quoique ces Peuples foient au milieu de la Zone
torride, l'air qu'ils refpirent eft cependant plus tempéré que vers les Tropiques, à caufe que pendant le
jour le Soleil éleve quantité de vapeurs qui produi-
fent des vents qui rafraîchiffent l'air, & que fon ab-
fence, qui eft toujours de 12 heures, jointe à quelques vents qui s'élevent après fon coucher, rendent
les nuits fraîches.

Sphère paralelle. Ceux qui habitent fous les deux
Pôle, ont la *Sphère parallele*, ce qui fait que toutes
les révolutions du Ciel font auffi paralleles à l'horifon. Ils ont fix mois de jour & fix mois de nuit.

Leur élevation du Pôle eft de 90 degrés, & par
conféquent la plus grande qui foit poffible. Leur
ombre tourne toujours autour de leur horifon, ce qui
les a fait appeller *Perifciens*, entourés d'ombre. Ils
voyent toujours la même moitié du Ciel au-deffus
de leur horifon, & l'autre eft toujours invifible pour
eux.

Sphère oblique. Tous les autres Peuples depuis le
premier degré de latitude jufqu'au 90me, ont la
Sphère oblique, parce que l'horifon & l'Equateur
forment enfemble des angles obliques. Toutes les
révolutions du Ciel fe font obliquement à l'horifon.

Ils ont les jours inégaux aux nuits toute l'année,
excepté dans le tems des Equinoxes. Ceux qui demeurent dans la Zone tempérée, ont pendant toute
l'année à midi leur ombre tournée du même côté;

les

les uns vers le Nord , & les autres vers le Midi. On les appelle *Heteroſciens* , d'une ombre.

Antipodes. Les Antipodes, ſont ceux qui ſont directement placés au-deſſous de nous, & qui ont leurs pieds poſés contre les nôtres. Leurs paralleles ſont oppoſés aux nôtres , & ils ont le même Méridien que nous. Ils ont également le Ciel au-deſſus de leur tête, & la Terre ſous leurs pieds ; mais ils ont l'Eté lorſque nous avons l'Hiver , & nous avons le jour lorſqu'ils ont la nuit.

On ne doutera point de l'exiſtence des Antipodes, ſi l'on fait attention que le Globe de la Terre eſt rond, & que tous les corps ont une direction vers le centre de la terre. Les Anciens ne croyoient pas qu'il y en eût.

Antoeciens. Les Antoeciens , ſont ceux qui demeurent ſous un même Méridien, mais ſur des paralleles oppoſés , également éloignés de l'Equateur. Leurs ſaiſons ſont oppoſées , car pendant que ceux qui habitent dans l'Hémiſphère Septentrional ont l'Eté, ceux qui demeurent dans le Méridional ont l'Hiver.

Perioeciens. Les Perioeciens , ſont ceux qui demeurent dans un même cercle de latitude, ſoit Septentrionale , ſoit Méridionale , mais qui différent de 180 degrés en longitude, c'eſt-à-dire, qui demeurent dans les deux points oppoſés du même Hémiſphère. Ils ont tout commun, Zone, Climat, Saiſons, Jours, mais leurs heures ſont oppoſées.

On voit par ce qui précede, que les *Antoeciens* ont les mêmes heures & les ſaiſons contraires ; les *Perioeciens* , les mêmes ſaiſons & les heures contraires ; & les *Antipodes* , les heures & les ſaiſons contraires.

CHAPITRE V.

De la position des Lieux de la Terre par rapport aux quatre Points Cardinaux, & des Vents.

LA maniere la plus commode de connoître les parties de la Terre, est de les considérer par rapport aux quatre Points cardinaux, qui sont, le Septentrion, le Midi, l'Orient & l'Occident, & de distinguer tous les lieux qu'elle renferme, eu égard à un lieu particulier. Par la premiere, on connoît la situation des régions de la Terre, les uns par rapport aux autres; par exemple, que la France est Occidentale à l'Allemagne, & Méridionale à la Hollande, &c. Il est ensuite aisé de distinguer les Pays qui se trouvent entre ces quatres Points Cardinaux, je veux dire, entre l'Orient & le Midi, entre celui-ci & l'Occident, entre l'Orient & le Septentrion, & entre le Septentrion & l'Occident.

Pour trouver aisément sur le Globe terrestre & sur la Mappemonde la situation des lieux par rapport à ces quatre Points Cardinaux, il faut considérer que l'Equateur & les Cercles de latitude qui lui sont paralleles, marquent tous les lieux qui sont Orientaux & Occidentaux les uns aux autres, & les Méridiens ceux qui sont au Septentrion & au Midi, les uns à l'égard des autres. Par exemple, tous les lieux posés sur l'Equateur, ou dans l'un de ses paralleles, sont Orientaux & Occidentaux entr'eux, & ceux qui sont sous le même Méridien, Septentrionaux & Méridionaux les uns aux autres; mais tous les autres qui ne sont pas situés de cette maniere, déclinent plus ou moins de ces quatre Points cardinaux, selon qu'ils en sont plus ou moins éloignés.

Si l'on fuppofe l'horifon divifé en 32 parties égales par autant de cercles de pofition, ces derniers repréfenteront les 32 Vents qui font en ufage dans la navigation.

On diftingue ces Vents en quatre premiers, quatre feconds, huit, troifiémes & feize quatriémes.

Les quatre premiers, font, le *Nord*, le *Sud*, l'*Eft* & *l'Oueft*; ou le Septentrion, le Midi, l'Orient & l'Occident. On les nomme *Vents cardinaux*; les deux derniers font les points du lever & du coucher du Soleil aux jours des Equinoxes.

Les quatre feconds que l'on nomme *Collateraux*, prennent leurs noms des quatre premiers, & divifent l'horifon en huit parties égales. Celui qui eft entre le Nord & l'Eft; s'appelle *Nord-Eft*, celui qui eft entre le Nord & l'Oueft, *Nord-Oueft*; celui qui eft entre le Sud & l'Eft, *Sud-Eft*, & celui qui eft entre le Sud & l'Oueft, *Sud-Oueft*. Ce font-là les huit principaux vents.

Les huit troifiémes font compris entre les quatre premiers & les quatre feconds, dont ils prennent leurs noms. Par exemple, celui qui eft entre le *Sud* & le Sud-Eft; *Sud Sud-Eft*, & ainfi des autres.

Les feize quatriémes font renfermés entre les quatre premiers & les huit troifiemes, & prennent leurs noms des quatre premiers & des quatre feconds, en interpofant le mot de *quart* entre ces deux noms, & nommant le Vent cardinal ou collatéral le premier, felon que ces derniers font voifins des cardinaux ou collateraux. Par exemple, le Vent qui eft entre le Nord & le Nord-Nord-Eft, fe nomme *Nord-quart-Nord-Eft*, & ainfi des autres.

On obfervera que les Géographes qui examinent une Carte, ayant toujours la vue tournée vers le Nord, ils appellent l'Orient ou l'Eft, le côté droit de la Carte, & le Couchant ou l'Oueft, le côté gauche.

CHAPITRE VI.

De la distance des lieux & de la mesure de la Terre.

ON mesure la distance des lieux sur l'arc d'un grand cercle qui renferme la quantité de lieues qu'il y a d'un endroit à un autre, & ces degrés étant multipliés par la quantité de lieues que chaque degré contient, selon l'usage du pays, le produit donne la quantité de lieues de cette distance.

La moindre partie que l'on puisse marquer sur le Globe terrestre est le point dont douze font la ligne.

Douze lignes font un pouce, douze pouces un pied, & six pieds une toise.

Deux pieds & demi font le pas commun & deux pas communs, le pas géométrique.

Cent vingt-cinq pas géométriques le stade.

Huit stades, ou mille pas géométrique, le mille romain.

Deux mille pas géométriques, la petite lieue de France.

Deux mille cinq cent la moyenne, & trois mille la plus grande.

Chaque degré d'un grand cercle de la terre vaut 20 grandes lieues de France, 28 moyennes & 30 petites.

Plusieurs Géographes ont trouvé 25 lieues moyennes de France pour un degré du Méridien, qui multipliés par 360 degrés donnent 9000 lieues pour la circonférence d'un de ses grand cercles. Son diametre est de 2864 lieues $\frac{24}{35}$, & son demi diametre de 1439 $\frac{24}{35}$; sa surface de 25785200 lieues quarrées, & sa solidité de 123106185́60.

La circonférence du parallèle de 60, est la moitié

de celle de l'Equateur, ſçavoir, de 4500 lieües.

Celle du parallele, de 49 degrés de 5904 lieües moyennes.

CHAPITRE VII.

Problêmes Géographiques.

JE pourrois inférer ici quantité de ces Problêmes ; mais comme la plûpart exigent la connoiſſance de l'Aſtronomie, je me bornerai aux principaux.

PROBLÊME PREMIER.

Diſpoſer le Globe ſelon les quatre Points cardinaux.

Poſez le Globe ſur un plan bien uni & horiſontal, & une petite Bouſſole joignant le plan du Méridien ſur l'horiſon, du côté marqué *Nord.* Tournez enſuite le Globe juſqu'à ce que l'aiguille aimantée s'arrête ſur ſon Nord & Sud , ſi elle ne décline pas ; mais au cas qu'elle le faſſe , mettez-la ſur ſon point de déclinaiſon, & le Globe ſera bien orienté.

I I.

Trouver la hauteur du Pôle , ou la latitude d'un lieu.

Tournez le Globe juſqu'à ce que cet endroit ſoit ſous le grand Méridien de laiton ; & le nombre des degrés compris entre ce lieu & l'Equateur, marquera ſa latitude.

I I I.

Trouver la longitude d'un lieu.

On trouvera cette longitude en comptant ſur l'É-

quateur d'Occident en Orient, les degrés compris
entre le premier Méridien & celui de l'endroit donné.

I V.

Placer un lieu suivant son véritable horison.

Commencez par en trouver la latitude. Comptez
ensuite les degrés qu'elle contient sur la partie oppo-
sée du Méridien, en commençant près du Pôle Arctique; placez le numéro des derniers de ces degrés
près de l'horison Septentrional, tournez le Globe jusqu'à ce que le lieu donné soit sous le grand Méridien, l'horison du Globe marquera celui que l'on
cherche.

V.

Trouver le lieu du Soleil dans l'Ecliptique.

On veut trouver, par exemple, le premier jour de
Mai, le lieu du Soleil dans l'Ecliptique. Comme les
jours & les mois marqués sur le Globe sont liés avec
le cours du Soleil, il suffit, pour trouver l'endroit que
cet Astre occupe chaque jour dans l'Ecliptique, de
trouver celle du jour proposé sur l'horison, & de
voir quel degré du signe du Zodiaque est placé près
de cette date. Ce degré sera l'endroit que le Soleil
occupe ce jour–là dans l'Ecliptique.

V I.

Trouver l'heure du lever & du coucher du Soleil.

Après avoir mis le Globe à l'élevation du lieu &
trouvé le degré du Soleil, on posera ce dernier sous
le Méridien, & le stile horaire sur douze heures.
On tournera ensuite le Globe du côté de l'Orient jusqu'à ce que le degré du Soleil soit parvenu à l'ho-

rison, & le stile marquera l'heure du lever de cet Astre.

Faisant la même opération du côté de l'Occident, on aura l'heure de son coucher. Doublant l'heure du lever, on a la longueur de la nuit, & doublant celle du coucher, la longueur du jour. *

V I I.

Savoir l'heure qu'il est dans différens lieux, d'après l'heure connue d'un lieu proposé.

Placez ce lieu sous le grand Méridien, mettez l'aiguille sur l'heure qu'il est dans ce même lieu ; conduisez ensuite les autres également sous l'horison, & l'heure que l'aiguille marquera au moment que chacun de ces endroits passera, sera celle que l'on cherche.

V I I I.

Connoître les Antipodes d'un lieu donné.

Conduisez ce lieu sous le Méridien, & placez l'aiguille sur douze heures vers le Sud ; tournez le Globe jusqu'à ce qu'elle marque le même nombre vers le Nord ; comptez ensuite sur le Méridien, en commençant près de l'Equateur, & en descendant vers le Sud, autant de degrés que le lieu en a de latitude. Les Antipodes se trouveront placés au bout des degrés du Méridien , & directement sous ce cercle.

CHAPITRE VIII.

De la Terre en particulier.

L'ETENDUE de la Terre-Ferme que l'on connoît, ne forme pas le tiers de la surface du Globe.

On divise la Terre en Continents & en Isles.

Le Continent est un grand espace de terre environné d'eau, qui comprend plusieurs régions, de maniere qu'on peut passer de l'une à l'autre sans faire aucun trajet par mer.

L'Isle est une portion de terre que l'eau environne de toutes parts.

La Peninsule ou Presqu'Isle, est une portion de terre qui avance dans la mer, & qui est environnée d'eau excepté dans l'endroit où elle tient au continent.

L'Isthme est une langue de terre qui joint une Peninsule au continent.

Les Caps ou Promontoires sont des portions de terre élevées qui avancent dans la mer.

Les Montagnes sont les parties les plus élevées de la terre ; & lorsque leur hauteur est peu considérable, on les appelle *Collines*. Il semble, au premier coup d'œil, qu'elles soient placées sans ordre sur la surface du Globe, mais si l'on y fait attention, on verra qu'en Europe, en Asie & en Afrique, les plus grandes chaînes de Montagnes ont ordinairement leur direction d'Orient en Occident, au lieu que dans l'Amérique elles l'ont du Midi au Septentrion. On verra encore qu'elles sont plus hautes entre les deux Tropiques que dans les Zones tempérées, & que plus on approche de l'Equateur, plus les inégalités du Globe augmentent.

Les Volcans sont des montagnes qui jettent du feu.

Les Déserts des endroits steriles & inhabités.

Les Landes ont beaucoup de rapport avec eux.

CHAPITRE IX.

De l'Eau.

LA Science qui nous donne la connoiffance des Eaux, eft appellée *Hydrographie*. On divife l'Eau en Océans, Mers, Rivieres & Lacs.

L'Océan eft un grand amas d'Eau, qui environne une grande partie du principal Continent.

La Mer eft un plus petit amas d'eau entremêlé d'Ifles, & environné de terre en tout ou en partie.

On diftingue dans toutes les Mers deux fortes de chofes ; fçavoir, les Détroits & les Golfes.

Les Détroits font des parties de la Mer refferrées entre deux terres voifines , & fort proches l'une de l'autre. Tels font ceux de Gibraltar , du Sund & de Conftantinople.

Les Golphes font de grands efpaces de mer qui entrent fort avant dans les terres , & qui ne communiquent que par un feul endroit avec la mer ou l'Océan voifin.

Les Lacs font des amas d'eau environnés de terre, & qui n'ont aucune communication avec les mers.

Les Rivieres font des eaux qui ont peu de largeur, & qui coulent fur la terre depuis leurs fources jufqu'à la mer , dans laquelle elles fe jettent.

Les Ruiffeaux naiffent des fources ; plufieurs ruiffeaux joints enfemble forment une riviere, & plufieurs rivieres réunies forment un fleuve. Tous les fleuves & toutes les rivieres réunies ont une pente naturelle, & plus cette pente eft forte, plus ils font rapides.

La Mer couvre la plus grande partie de la furface du Globe , & on peut la divifer en deux grandes parties, en allant du *Septentrion* au *Midi*.

La premiere comprend la Mer qui eſt entre l'Europe, l'Afrique & l'Amérique, & la deuxiéme celle
qui eſt entre l'Amérique & l'Aſie. La profondeur de la
Mer varie ; elle peut avoir dans quelques endroits un
mille d'Allemagne ; mais elle en a beaucoup moins
dans tous les autres.

On peut regarder les Iſles comme des ſommets de
de grandes montagnes dont le pied eſt caché ſous les
eaux. Il y en a à fleur d'eau, & d'autres qui ne pa-
roiſſent pas ; car le fond de la Mer eſt de même nature que la Terre, dont il y a toute apparence qu'il
eſt une continuation, puiſqu'on y trouve des montagnes, des vallées, des plaines, des ſources, des rivieres, des plantes & des animaux.

L'Eau de la mer en général eſt ſalée ; mais elle l'eſt
plus vers l'Equateur que vers les Pôles, & plus au
fond que vers ſa ſurface.

Outre le mouvement continuel qu'a la mer d'O-
rient en Occident, elle en a un autre auquel on donne le nom de *Flux* & de *Reflux*, lequel conſiſte en
ce que l'eau hauſſe & baiſſe deux fois dans l'eſpace
de 24 heures ; cela n'arrive pas tous les jours à
la même heure, mais retarde d'une marée à l'autre
à peu près de 24 minutes, & chaque jour d'environ
48, de ſorte que toutes les fois que la Lune eſt nou-
velle ou pleine, les hautes marées arrivent ſur chaque
côte aux heures accoutumées.

La Mer a dans quelques endroits un mouvement
en forme de *Spirale*, auquel on donne le nom de
Goufre ou de *Tournant*.

CHAPITRE X.

Division générale de la Terre.

ON peut diviser la superficie de la Terre en deux parties, dont les unes sont connues & les autres inconnues.

Les parties connues, sont deux grands Continents, & les inconnues, les terres Arctiques & Antarctiques, dont on ne connoît que les côtes.

Le premier des deux grands Continents dont je viens de parler, est celui qu'on nomme l'*Ancien* ou *vieux Monde*, parce qu'on l'a connu de tout tems.

Le second est celui qu'on appelle le *Nouveau*, pour le distinguer de l'Ancien, & *Amérique* du nom de celui qui l'a découvert.

A l'égard des Isles, on les divise en plusieurs corps, relativement aux Continents, ainsi qu'on le verra, lorsque j'en ferai le dénombrement.

CHAPITRE XI.

De l'Ancien Continent.

ON divise l'Ancien Continent ou vieux Monde en trois parties, sçavoir, l'Europe, l'Asie & l'Afrique. Je vais commencer par la description de l'Europe, parce que c'est celle qu'il nous importe le plus de connoître.

De l'Europe en général.

Je ne m'arrêterai point à examiner ici d'où cette partie du monde a reçu son nom. Un fameux Géographe croit que les Phéniciens l'ont appellé ainsi à cause de la blancheur de ses habitans ; mais il y a plus d'apparence qu'elle a pris le nom qu'elle porte de la *Thrace*, que l'on rencontre la première en y entrant.

L'Europe est bornée au Midi par la Mer Méditerranée ; au couchant par l'Océan Atlantique, au Septentrion, par la Mer du Nord. Elle confine du côté de l'Orient avec l'Asie.

On n'est point d'accord sur les limites qui séparent ces deux parties du Monde ; les Géographes conviennent seulement qu'on doit y comprendre le *Don*, le *Palus Méotide*, la *Mer Noire*, l'*Hellespond* & l'*Archipel*.

Elle est située entre le neuviéme & le quatre-vingt-treiziéme degrés de longitude, & entre le trente-sixiéme & le soixante-onziéme de latitude, de sorte qu'elle se trouve dans la Zone tempérée, à l'exception de quelques parties qui sont vers la Mer glaciale.

Son étendue du couchant au levant, qu'on prend du Cap Saint Vincent, dans le Royaume d'*Algarve*, en Portugal, jusqu'à l'embouchure de l'*Oby*, est de 1200 lieues de France, & sa largeur, depuis le Cap de *Matapan*, dans la *Morée*, jusqu'au *Cap-Nord* dans la Lapponie, de 733.

On voit par-là qu'elle est moins grande que l'Asie & que l'Afrique ; mais elle l'emporte sur l'une & l'autre à plusieurs égards. A la réserve de la Lapponie & de la Russie, qui avancent dans la Zone-Torride, tout le reste est dans la tempérée ; ce qui est cause qu'on n'y éprouve ni les chaleurs excessives, ni les froids rigoureux qui se font sentir dans les deux autres parties de notre Continent. On n'y trouve à la vérité, aucune mines d'or, d'argent, ni de pierreries ; elle ne produit ni sucre, ni épiceries ; elle ne nourrit ni Eléphans, ni Chameaux, ni Tygres, ni Lions, &c. mais elle produit en abondance les choſes néceſſaires à la vie, & de plus elle eſt mieux peuplée, mieux cultivée, & mieux policée.

Mers de l'Europe.

Les Mers qui entourent l'Europe, ſont 1°. La *Mer Atlantique*, qui tire ſon nom du Mont *Atlas*, ſitué en Afrique dans le Royaume de Maroc ; d'où vient qu'on nomme particulierement Atlantique la partie de la mer qui baigne les côtes d'Afrique. Dans un ſens plus étendu, on donne ce nom à la mer qui eſt déſignée ſous le nom de *Mer du Nord* dans les anciennes Cartes, & que les Géographes nomment *Mer Occidentale*. Elle eſt ſituée entre l'Europe, l'Afrique & l'Amérique, & elle s'étend d'un côté vers la mer du Nord, & de l'autre juſqu'à celle d'Ethiopie. Elle reçoit encore les noms de *Mer Baltique*, de *Mer d'Aquitaine*, de *Mer Britannique*, &c. ſelon les différentes Provinces qu'elle baigne.

2°. La *Mer d'Allemagne* eſt la partie de l'Océan ſituée entre la Grande-Bretagne, le Danemarck & la Norvége. On l'appelle auſſi *Mer d'Oueſt*, & *Mer Cimbrique* près du *Jutland*. Elle eſt ſujette au flux, venant d'Orient, & au reflux venant d'Occident.

3°. La *Mer Orientale* ou *Baltique*, eſt un grand Golfe ſitué entre le Danemarck, l'Allemagne, la Pruſſe, la Courlande, la Ruſſie & la Suede. Les Hollandois lui ont donné le nom de Mer Orientale, parce qu'elle eſt à l'Orient des Provinces-Unies.

4°. La grande *Mer du Nord* eſt plus haut vers le Nord.

5°. La *Mer Caſpienne* eſt entourée de toutes parts du Continent, & on lui donne de longueur, du Septentrion au Midi, 150 milles d'Allemagne, & 60 & 70 milles de largeur d'Orient en Occident.

6°. La *Mer Noire*, autrement appellée *Pont-Euxin*, communique avec la Méditerranée ; & on lui a donné ce nom parce qu'elle eſt très-orageuſe.

7°. La *Mer d'Azof*, appellée par les Anciens *Palus Méotide*, communique avec la Mer par le Détroit de *Caffa*.

8°. La *Mer Méditerranée*, communique avec la Mer Atlantique par le Détroit de *Gibraltar*.

9°. La *Mer Adriatique*, ou le *Golfe de Venise*, est le plus remarquable de la Méditerranée.

Remarque. On fait monter le nombre des Habitans de l'Europe à cent cinquante millions. Je parlerai des Montagnes, des Caps, des Rivieres & des Lacs en décrivant les pays où ils se trouvent.

CHAPITRE XII.

Division particuliere de l'Europe.

ON divise l'Europe en huit grandes parties, sçavoir, la Scandinavie, qui comprend les Royaumes de *Suéde*, de *Danemarck* & de *Norvége*, la *Russie*, la *Pologne*, l'*Allemagne*, la *France*, l'*Espagne*, l'*Italie* & la *Turquie* en *Europe*. On peut y joindre les Isles, dont les principales sont la *Grande-Bretagne* & l'*Irlande*.

Je commencerai la description des Etats qu'elle contient, par ceux du Nord, parce que ce sont les premiers qui se présentent lorsqu'on jette les yeux sur une Carte générale.

SECTION PREMIERE.

Du Royaume de Suéde.

LA Suéde est un des plus grand Royaume de l'Europe. Elle s'étend depuis le cinquante-sixiéme degré de latitude jusqu'au soixante-neuviéme, & depuis le

trente-deuxiéme de longitude jusqu'au soixante troisiéme. Elle est bornée au couchant par le Danemarck & par la Norvége ; au Nord , par la Lapponie Norvégienne & par la Moscovie ; au Levant, par
la Moscovie , & au Sud, par la Mer Baltique & le
Duché de Courlande.

Elle formoit anciennement un Royaume séparé ;
mais qui fut quelquefois réuni avec celui de Gothie.
Elle est située dans un climat fort sain , & quoique
l'air y soit très-froid , on y voit des personnes qui at-
teignent l'âge de cent, cent-dix , & six-vingts ans. Les
nuits y sont longues , mais tellement éclairées par la
Lune, que l'on y voyage aussi commodément que
de jour. En été les jours y sont très-longs, très-chauds;
les orages y sont fort rares , & l'air y est purifié par
le vent du Nord.

Le terroir y est presque partout rempli de hautes
montagnes , & de vastes forêts. On y nourrit une
très-grande quantité de bestiaux ; mais on n'y
recueille pas assez de grains pour la subsistance de ses
habitans , & ils sont obligés d'en tirer de la Livonie & de l'Ingrie.

Ses richesses consistent en ses Mines de fer, de plomb,
ou quelques-unes d'argent , & en bois de construc-
tion. Ses côtes sont de difficile accès , à cause des
langues de terre, des Isles & des Rochers dont elles
sont entourées. Ces écueils sont fort proches les uns des
autres, & les Isles qu'ils forment sont habitées par
des gens qui se nourrissent de la pêche. Les Lacs y
sont très-nombreux, & remplis de quantité d'Isles.
J'en donnerai la description à mesure que l'occasion
s'en présentera.

Ses Rivieres les plus considérables sont , 1°. La
Motala, qui sort du lac de *Vetter* , reçoit dix-sept
autres rivieres, forme près *Norkioping* une cascade de
seize pieds de haut, & se décharge dans la mer Baltique.

2°. Le *Stang*, qui divife la Gothie Orientale en deux parties.

3°. Le Fleuve de Gothie, qui fort du lac de Vener, & fe jette dans la mer Baltique près de Gothenbourg, après avoir formé à 7 milles ½ de fon embouchure une cafcade très-élevée.

4°. La *Gullfpang*, qui fépare la Gothie Occidentale d'avec le Vermeland.

5°. La *Dal-Elbe* dans la Dalécarlie : c'eft le plus grand fleuve de la Suede.

6°. La *Kymmene-Elf*, l'*Ulea-Elf* & *la Korpo*, dans la Finlande.

Les fources d'eau minerales font auffi très-fréquentes en Suede.

On trouve en Suede du Criftal, des Améthiftes, des Topafes, du Porphire, du Lapis-Lazuli, des Carnéoles, de l'Agathe, de la Pierre d'Aigle, de l'Aimant, de l'Amiante, des Pierres de touche, des Aëtites, de l'Ardoife, du Marbre blanc ; & de très-belles pétrifications.

Les Métaux font cependant fa plus grande richeffe. Il y a une mine d'or dans le *Smaland*, & une d'argent près de *Sala* ; & la mine de fer y eft fi abondante, qu'on la trouve à fleur de terre. Les meilleures font dans l'*Upland*, & le plus grand commerce de ce métal fe fait dans la *Weftmanie*.

Le Royaume de Suede eft mal peuplé & mal cultivé. On n'y trouve que 120 Villes, & il ne contenoit en 1760 que 2,383,113 Habitans.

La Nobleffe y eft très-nombreufe, & jouit de priviléges confidérables. Ce fut le Roi Eric XIV qui créa le premier des Comtes & des Barons l'an 1561 ; mais les prérogatives des premiers ont beaucoup diminué ; & ne confiftent prefque plus que dans la différence des ornemens de leurs armes, & dans les titres que les Cours de Juftice leur donnent.

La langue Suédoife vient de l'ancien langage de Scandinavie.

Scandinavie. Dans les tems du Paganisme, les Suédois avoient des caractères particuliers nommés *Ru-
nor*, que l'on voit encore sur les *Pierres Runiques*,
érigées près des tombeaux des anciens Payens, & que
l'on trouve dans presque toutes les Provinces de ce
Royaume. Saint Herbert & le célèbre Anschaire y in-
troduisirent la connoissance du vrai Dieu, le premier sous Charlemagne, & le second sous l'Empereur Louis. Gustave Vasa y introduisit la Réformation,
& elle fut approuvée en 1593 à la Diéte d'Upsal,
& la Religion dominante est aujourd'hui le Luthéranisme.

Les Arts & les Sciences ont fait dans les derniers
tems des progrès rapides en Suéde ; & l'on y trouve
quantité de Manufactures, au lieu qu'il n'y en avoit
pas une seule il y a quelques siecles ; cependant les
Suédois ne sçavent pas encore travailler les métaux.

Le Nouveau Code des Loix, qui fut publié en
1736, contient une Ordonnance concernant la forme des Procès qui est aussi courte que simple.

Gustave-Vasa augmenta les revenus de l'Etat en
s'emparant des biens Ecclésiastiques, & Charles X I,
en réincorporant à la Couronne les biens aliénés.

Les Colléges supérieurs du Royaume sont, 1°. Le
Conseil Royal de la Cour. 2°. *Le Collége Royal de
Guerre.* 3°. *Le Collége de l'Amirauté.* 4°. *Le College
Royal de la Chancellerie.* 5°. *Le Collége Royal des
Finances.* 6°. *Le Comptoir Royal d'Etat.* 7°. *Le Col-
lege Royal des Mines.* 8°. *Le College Royal de Com-
merce.* 9°. *La Chambre Royale de révision.*

Les Etats sont composés de 4 Ordres ; 1°. *La Noblesse* ; 2°. *Le Clergé* ; 3°. *La Bourgeoisie* ou *les Villes* ;
4°. *Les Paysans dépendans de la Couronne.*

On compte en Suéde un Archevêque ; dix Evê-
ques ; trois Sur-Intendans Ecclésiastiques ; cent quatre-vingt-douze Prévôtés ; & 2400 tant mere-Eglises
que filiales.

C

Ses forces militaires se montent en tems de guerre à 48354 hommes, & en tems de paix à 33997.

Sa flotte en 1759 étoit de 28 vaisseaux de guerre du premier jusqu'au sixiéme rang, & de 90 jusqu'à 42 canons; de 12 Frégates de 40 jusqu'à 26 canons; de 3 Brigantins, de 30 jusqu'à 18 canons; de quelques galiotes à bombes, & de quelques Galeres.

Division de la Suéde.

On divise la Suede en cinq parties principales, qui sont, la *Suéde proprement dite*; le *Royaume de Gothie*, ou *Gotland*; le *Nordland*; la *Lapponie* & la *Finlande*.

La Suéde, proprement dite, est située entre les montagnes de la Norvége & le Golfe de Bothnie. Elle est bornée au Nord par le *Nordland*; au couchant, par la Province de *Wermeland & la Norvége*; à l'Orient par la mer, & au Midi par le Royaume de *Gothie*.

On la divise en deux parties. La Méridionale ou Suéde particuliére, comprend l'*Upland*, la *Sudermanie*, la *Néricie*, la *Westmanie* & la *Dalécarlie*. La Septentrionale, ou le *Nordland*, renferme la *Gestrieie*, l'*Helsingie*, la *Medelpadie*, la *Jemptie* & l'*Angermanie*.

Cette partie formoit autrefois un Royaume séparé, & chaque Province avoit ses Rois & ses Loix particulieres, à l'exception de la *Néricie*, qui avoit les siennes en particulier. Elle comprend 25 villes.

I. *L'Upland.*

Cette Province, qui doit son nom à la supériorité des anciens Rois d'Upsal, est une espece de Presqu'isle, qui a la *Gestricie* & la *Westmannie* au couchant, le lac de *Malar* au Midi, & ailleurs la Mer *Baltique*. Elle a 18 milles de Suéde de longueur sur 15 de largeur. Elle est fort peuplée, & si fertile en grains, que ses habitans en fournissent à leurs voifins. Cette Province est arrosée par douze rivieres, & l'on y trouve quantité de lacs, dont le plus remarquable est celui de *Malar*, qui a 25 lieues du couchant au levant, & environ 10 lieues de largeur. Il se décharge dans la Mer Baltique près de *Stockholm*.

Cette Province comprend 1°. l'*Upland propre*, qui est au centre ; 2°. Le *Roslagen*, qui est vers la Mer, & le *Fierdhundra*, qui touche à la *Dal-Elbe* & à la *Sagan*. On la divise en outre en quatre Capitaineries provinciales ; sçavoir,

1°. Celle de *Stockholm*, qui est la Capitale du Royaume, & la Résidence des Rois, & qui comprend six *Distrits de Mer*.

2°. Dix distrits situés plus avant dans le pays.

3°. La Capitainerie provinciale d'Upsal, dont les distrits sont au nombre de quatorze.

Elle comprend *Upsal*, ville très-ancienne & bâtie sur le fleuve *Fyris*, qui la divise en deux parties. L'Ancienne Upsal étoit la demeure des Rois suzerains de tout le Royaume de Suéde, & du grand Sacrificateur ; le Siége du Tribunal suprême de la Justice.

Gamla Upsala ou le vieux *Upsal*, à un demi-mille de la ville, qui étoit le lieu des Sacrifices, & la Capitale de tout le pays du Nord. Il y a tout auprès des collines qui servoient de sépulture aux Payens ; & un monument de pierre appellé *Mora Steine*, où les Rois de Suéde étoient élus, & recevoient l'hommage de leurs Sujets.

Suinnegarns, est un lieu à un demi mille de la ville, où l'on exerçoit anciennement quantité de pratiques superstitieuses.

Oereby-Huus, dont le Château a servi de prison au Roi Eric XIV, qui fut empoisonné en 1577.

On tire des mines de fer de *Dannemora*, qui sont à quatre mille d'Upsal, depuis 40 jusqu'à 500000 voitures de mine crue.

Elfkarleby, eſt une Terre Royale, où l'on pêche du Saumon & des Lamproies.

On voit à *Wafby*, lieu de naiſſance de Sainte Brigite, beaucoup d'antiquités.

4°. La Capitainerie de *Wefterahs* comprend trois diſtrits.

I I. *La Sudermanie.*

C'eſt auſſi une Province de la Suéde propre , bornée au Midi par *l'Oſtrogothie* , & au couchant par la *Wefmannie* & la *Néricie*. Le lac *Malar* la ſépare de l'*Upland* vers le Nord; & la mer Baltique la baigne au levant. Sa longueur eſt de 25 milles Suédois , & ſa largeur de 12. Son terroir eſt fertile en blé & riche en mines de divers métaux. Elle a le titre de Duché ; & elle eſt devenue célébre par l'élévation de Charles , Duc de Sudermanie , que les Etats de Suéde couronnerent le 18 Mars 1607 , à la place de Sigiſmond Roi de Pologne , ſon Neveu. On l'a aſſignée pour douaire aux Reînes de Suéde. Elle eſt arroſée par onze fleuves , & on y trouve quantité de terres arables , de pâturages , de prairies , de belles forêts , de mines de fer & de lacs poiſſonneux.

Ses principaux lieux ſont , *Nykoping* , *Strengnas* , ville Epiſcopale , dans la Cathédrale de laquelle ſont enterrés les Rois Charles IX & ſes deux femmes , le Duc Charles-Philippe: Guſtave Adolphe y fonda un Collége en 1626 , & une petite école où Guſtave I fit ſes premieres études.

Trofa , eſt un bon Port de mer. Il y a près d'*Arſta* un Port & deux Fontaines d'eau minérale.

La ſituation de cette Province entre la mer & le lac de *Malar* la rend très-commerçante.

I I I. *La Néricie.*

C'eſt la plus petite Province de la Suéde propre. Elle eſt entre la Weſtmannie , la Sudermanie , la Wer-

melande & la Gothie. Elle eſt preſque ronde & a 11
à 12 lieues de diametre.

Oerebro, ſituée ſur le lac de *Hielmar*, eſt ſa Capitale. Le pays eſt preſque partout fertile , & l'on y
trouve des mines de fer, des pyrites de ſoufre , de
l'Aimant, des rafineries de ſouffre & des forges de
fer - blanc & de fer. On y voit de grandes forêts,
de hautes montagnes, & ſept fleuves & lacs d'où l'on
tire du très- bon poiſſon.

Il y a à *Oxoga* une fontaine d'eau minérale, dont
les eaux contiennent des particules de ſoufre.

IV. *La Weſtmannie.*

Cette Province de la Suéde propre eſt ſituée entre la Sudermannie , la Geſtricie , la Néricie & l'U-
pland , & a dix-ſept mille Suédois de longueur , ſur
quatorze de largeur. Le terrein en eſt fertile, & l'on
y trouve des mines d'argent, de fer & de cuivre. C'eſt
celle des Provinces de la Suede qui fait le plus de
commerce en fer. On la diviſe en pays de plaine ,
& en pays de montagne.

Ses lieux principaux ſont, *Weſterhas*, Evêché , &
ville provinciale.

Badelundshas , langue de ſable à ½ mille de la
ville, où les Danois furent défaits en 1521.

La fontaine d'eau minérale de *Kila* ou *Sâtra*.

Sura, *Bourg* où il y avoit anciennement un Temple de Payens.

Davidſo, Iſle qui a reçu ſon nom de Saint David,
qui y prêcha la foi chrétienne en 1060.

Norberg, où ſont les meilleures mines de fer de la
Province.

Kioping, près de laquelle eſt une hauteur appellée la *Colline de la Juſtice*, où toutes les affaires ju-
diciaires étoient expédiées.

Arboga , ancienne ville, près de laquelle on voit
différens monumens du Paganiſme.

C iij

Hellefort, où est une mine d'argent ; & *Loka*, où l'on trouve une source d'eaux minérales, qui contiennent des particules de soufre & de salpêtre.

V. *La Dalécarlie Suédoise.*

Cette Province, qu'on nomme *Thal-Land*, pays de vallées, à cause de la quantité de vallées qu'on y trouve, est bornée au couchant & au nord par les montagnes de la Norvége ; au levant par l'Helsingie & la Gestricie, & au Midi par la Westmannie & la Vermelande. Sa longueur est de 40 milles suédois, & sa largeur de 26. Elle est remplie de montagnes. Ses habitans sont robustes & belliqueux, aussi les plus grandes révolutions arrivées en Suede ont-elles toujours commencé & fini par cette Province. Ils furent les premiers qui prirent les armes en faveur de Gustave Vasa qui la délivrerent du joug des Danois.

On y trouve quantité de mines de fer & de cuivre, dont quelques-unes sont d'une profondeur prodigieuse. On y voit aussi des Elans. Ses Habitans conservent encore les mœurs & l'habillement des anciens Suédois.

Les pâturages y sont fort beaux. Le pays est traversé pat la *Dal Elbe*, qui a sa source dans les montagnes de la Norvege, & qui est composée de deux fleuves. Elle va se jetter dans le Golfe de Bothnie. On y trouve :

Hédémora sur le lac de *Hasran*, où l'on fabrique de la poudre à canon.

La paroisse de *Tuna*, où est une mine d'argent, qui rapporte très-peu.

Sater, où sont des mines de cuivre considérables.

Lofahs, dont la mine a fourni, depuis 1733 jusqu'en 1760, 500 marcs d'argent.

La montagne de *Solleron*, qui fournit de la mine d'argent.

La paroisse de *Grangard*, dont les mines de fer
font inépuisables.

Skis-Hytta, où il y a une mine d'argent.

SECTION II.

Royaume de Gothie.

L A Gothie eft bornée au Nord par la *Suéde* propre, au couchant par le Sund, la Mer d'Allemagne
& la Norvége ; à l'Orient & au Midi par la Mer Baltique ; le Goths qui l'habiterent les premiers, defcen-
doient des anciens Géans. Elle avoit anciennement
fes Rois particuliers ; mais *Suereher*, Roi d'Oftrogothie, ayant été déclaré Roi des Suédois & des Goths en 1132, les deux Royaumes furent réunis. Ce
Pays eft le plus mérional, le moins froid & le plus
fertile de la Suéde. On y trouve des lacs & des fleuves poiffonneux, des forêts, des mines & des forges. Il comprend :

1. *La Gothie Orientale.*

Dont les Provinces font l'*Oftrogothie*, laquelle eft
bornée au couchant par le lac *Weter*, qui la fépare
de la *Weftrogothie*. Elle a la *Sudermanie* au nord, la
Smalande au midi, & la *Mer Baltique* au levant. Sa
longueur du couchant au levant eft de 16 milles
fuédois, & fa largeur de 15. Elle produit du froment,
du feigle, de l'orge, de l'avoine ; & en fournit aux
Provinces voifines. On y trouve des jardins, des prairies, des pâturages, des forêts, des lacs & des fleuves
poiffonneux, des mines de fer, des forges de laiton,
& diverfes manufactures.

On y trouve 23 lacs, dont le plus remarquable
eft celui de *Weter*, dont la longueur eft de 15 mill.

Suédois, & sa largeur de 2 milles ½. Ses eaux n'ont d'autre issue que par la *Motala*, mais il reçoit 40 petits fleuves. On trouve sur ses bords de l'Agathe, des carnioles, de la pierre de touche, des aëtites, &c. Ses eaux sont de 70 aunes plus élevées que la Mer Baltique ; il est profond, orageux en hyver & annonce les orages.

Ses principaux fleuves sont la *Motala*, qui reçoit 17 rivieres. Il sort du lac de *Vetter*, traverse tout le pays, & va se jetter dans la Mer Baltique. Il forme pres de Norkioping une cataracte de 16 brasses de hauteur, & quelquefois il est extrêmement calme.

2.La *Stang* a sont embouchure dans le lac de *Roxen*, & divise le pays en partie Orientale, & en partie Occidentale.

Le *Molby*, dans lequel on pêche de perles.

Le *Karesbo*, & la *Skena*.

On n'y compte qu'un seul Evêché, savoir, celui de *Linkioping*.

Les lieux remarquables qu'on y trouve sont *Norkioping* sur la *Motala*, qui se jette dans cet endroit dans le Golfe de *Braviken*. Le Duc Charles y fut déclaré Roi en 1604. On y pêche beaucoup de Saumons.

Il y a à *Norrefort*, dans la Paroisse de *Borg*, une mine d'argent.

Soderkioping, où le Roi Magnus Ladulas, fut couronné en 1277, & le Roi Birger en 1302.

La plaine de *Bravalla*, dans le pays de *Vikebo*, où il se donna en 375 une Bataille entre les Suédois, & les Danois, qui furent défaits.

Linkioping, ancienne Ville provinciale au bord de la *Stang*, où le Roi Waldemar-Bigerson fut couronné en 1251, & le Roi Sigismond déposé en 1600.

Skeninge, où le Pape Innocent IV convoqua en 1248, un Concile qui défendit le Mariage des Prêtres.

Médewi, où eft la plus ancienne Source d'eau minérale de tout le Royaume.

Hungerquelle, ou la fource de famine, dont les eaux font toujours de niveau avec celles du lac de *Vetter*, & hauffent & baiffent dans la même proportion, avec cette fingularité que la cherté des vivres augmente lorfqu'elles hauffent.

2. *Le Smaland.*

Cette Province eft bornée au midi par le *Blecking* & par *Sehonen*, au couchant par l'*Halland* ; au nord par la *Veftrogothie* & par l'Oftrogothie ; & au levant par la Mer Baltique. Elle a 20 milles fuédois de long, & 12 de large. Après avoir eu fes Rois particuliers, elle a appartenu pendant quelque tems à l'Oftrogothie. Ce pays, quoique montagneux, eft très-fertile ; on y trouve de bons pâturages, & des fôrets, des mines d'argent, de cuivre, de fer, & au fond des lacs de la mine de fer. On y a auffi découvert une mine d'or.

Ses Habitans commercent en planches, poutres, mâts, goudron, potaffe, fer, bled, bœufs, beurre, fromage, fuif, houblon & poiffon ; fes lacs font au nombre de 21, mais il n'y en a aucun de remarquable.

Les principaux de fes fleuves font l'*Emmane*, la *Niffa*, la *Laga*, la *Helge-Ave*.

Ses Villes principales font *Calmar*, Ville très-ancienne fituée fur le bord de la Mer, vis-à-vis l'Ifle d'*Oeland*. Ce fut là que fut conclue, en 1397, la fameufe Union de *Calmar*, en vertu de laquelle Eric de Poméranie fut couronné Roi des trois Etats.

On appelle le détroit qui eft entre le Château & l'Ifle d'Oeland, le *Sund de Calmar*.

Holaveden, eft une grande forêt, dans laquelle les Danois furent battus au 15°. fiecle.

Les autres Villes principales font *Wexio* , où l'on montre la fource près de laquelle St. Siegfried baptifa beaucoup de nouveau convertis ; *Jonkioping* , *Ekefio* , où l'on cultive du tabac, & *Weftervick.*

3. L'*Ifle d'Oeland.*

Cette Ifle eft fituée dans la Mer Baltique, & n'eft féparée de la côte de Smaland que par le petit détroit de Calmar, dont la longueur eft de quatorze milles fuédois, & fa largeur d'un mille & demi. On la divife en Septentrionale & en Méridionale ; l'air y eft bon, le terroir fertile , les côtes élevées & défendues par plufieurs Châteaux.

Ses bidets font forts eftimés. Le Roi y a un parc , où l'on trouve des çerfs, des daims, des chevreuils , des lievres, des fangliers, &c.

L'ardoife alumineufe y eft fort commune, & l'on y trouve de la pierre de taille & du marbre noir. Ses Lieux principaux font :

Borgholm , où Charles X faifoit fa réfidence , avant que de monter fur le Trône ; & *Ooftenby.*

4. L'*Ifle de Gottland.*

Elle eft dans la Mer Baltique, dont on l'appelle l'Oeil à caufe de fa fituation avantageufe. Elle eft à 18 lieues des côtes des l'Oftrogothie, dont elle dépend. Elle peut avoir 18 milles de longueur, fur 5 à 6 de largeur. Elle avoit autrefois fes Rois & fes Loix particulieres , mais aujourd'hui elle eft du reffort de Stokholm ; on lui a donné le nom de *Gottland* , parce que les Pirares Goths avoient coutume d'y paffer l'hyver. Son terroir eft fertile , il nourrit quantité de bœufs & de chevaux; & la pêche des chiens marins y eft avantageufe. On y trouve du corail, des carnioles, de l'agathe, & de très-belles pétrifications. On en tire de la chaux, du goudron, des planches, des poutres, des moutons. On n'y voit ni ours, ni loups, mais quantité de cerfs, de chevreuils, de renards & de liévres. Le commerce s'y fait avec beaucoup d'équité; & jamais les Payſans ne diſputent ſur le prix des choſes.

Le Roi Eric de Poméranie, ayant été dépoſé, demeura dans cette Iſle depuis l'an 1437 juſqu'en 1449; mais Charles VIII ayant eu deſſein de l'en chaſſer, il le livra à Chriſtian I, Roi de Danemarck. Les Danois s'en rendirent de nouveau maîtres en 1676, mais il furent obligés de la rendre aux Suédois par la paix de Fontainebleau en 1679.

Les ſeuls endroits remarquables qu'on y trouve ſont :

Wiſby, Ville très-ancienne, compriſe autrefois parmi les Anſéatiques, où quantité de *Suédois*, de Goths, de Danois, de Normands, de François, d'Anglois, de *Saxons*, de Livoniens, d'Eſpagnols, de Ruſſes, de Grecs ſe retirerent, après que la grande Ville de *Wineta*, dans l'Iſle d'Uſedom, dans la Poméranie, eut été ſubmergée.

Sand-O, Iſle où l'on pêche des chiens marins.

II. *La Gothie Occidentale.*

Elle comprend quatre Provinces, la *Veſtrogothie*, le *Waerméland*, la *Dalie-Veſtrogothique* & le Fief de *Bohus*.

La premiere eſt ſituée au-deſſous du lac de Wener, & a 20 mille ſuédois de longueur, ſur 16 de largeur. Elle avoit autrefois ſes Rois & ſes Loix propres. Elle eſt bornée au Nord par le lac dont je viens de parler, & par le *Vermeland*; au levant par le lac de *Wetter*; au midi par le *Smaland* & l'*Halland*, & au couchant par le *Categat*, & par la *Trolheta*, qui la ſépare de la Dalie & du gouvernement de *Bohus*. Elle produit des arbres fruitiers, du jardinage & du bled, & l'on y nourrit quantité de bétail. Les environs de Gothenbourg fourmillent de poisson & surtout des harangs.

Il y avoit autrefois dans les environs des montagnes de *Hakla* & de *Mossberg* un précipice dans lequel les Paysans se jettoient pour l'amour de leurs Dieux. On lavoit leurs corps & on les enterroit sous des petites collines.

Le lac de *Wener* a 14 milles suédois de long, & 7 de large; ses eaux croissent & diminuent d'une maniere considérable; il reçoit 24 rivieres, & s'écoule dans l'Océan par la *Gotha-Elbe*.

Ses fleuves les plus remarquables sont le *Halle*; l'*Elbe de Gothie*, qui sépare la Westrogothie du Wermeland, la *Trolheta*, qui est composée d'une triple-chûte.

Les lieux principaux de cette Province sont *Gothenbourg, Falkioping, Mariestad* & *Skara*.

Gothenbourg est une Ville bâtie en 1607 par les ordres de Charles IX dans l'Isle de *Hisingen*. Elle est située à l'embouchure du *Moladal*, qui la traverse, & va se jetter dans la mer Occidentale. Le Roi Charles Gustave y mourut l'an 1660. Son port est fort bon, mais il devient de jour en jour plus bas. On y découvrit en 1711 une source d'eau minérale.

Falkioping est une Ville située vers le centre du pays, entre deux montagnes, dans une vallée fertile, mais qui manque de bois. Ce fut tout auprès que se donna en 1388 la Bataille entre le Roi Albert & la Reine Marguerite, dans laquelle ce Prince fut fait prisonnier avec son fils.

Mariestad. Cette Ville est sur le lac de *Vener*, à neuf ou dix lieues de celle de *Lidkioping*, vers le nord. Elle fut bâtie par le Duc Charles.

Skara. Cette Ville étoit autrefois la Capitale du Royaume de Gothie, & plusieurs Rois y firent leur résidence.

1. *Le Waermeland.*

Cette Province a la Dalicarlie au Nord ; la *Weſt-mannie* & la *Néricie* au levant ; le lac de *Vener* & la *Dalie* au midi ; & les montagnes de la Norvége au couchant. Sa longueur eſt de 38 milles Suédois, & ſa largeur de 24 milles. Elle forme un demi cercle autour de la partie ſeptentrionale du lac de *Wener.* Elle avoit ſes Rois particuliers du tems des Payens. Elle eſt remplie de montagnes , de lacs, de marais, mal peuplée & mal cultivée. On y trouve quelques mines d'argent, de plomb, de cuivre , de fer , & beaucoup de forges.

La *Clara* ou *Grand-Elbe* , eſt le plus poiſſonneux des fleuves qui l'arroſent. Ses principales Villes ſont :

Karlſtad , bâtie par le Duc Charles , dans l'Iſle de *Fingualla* , dans l'endroit ou la *Clara* ſe jette dans le lac de *Wener.* Il y a tout auprès une fontaine d'eau minérale.

Philipſtad. Cette Ville , qui fut bâtie par le Roi Charles IX , & nommée du nom de ſon fils le Prince Charles Philippe , eſt entourée de montagnes & de lacs.

2. *La Dalie Weſtro-Gothique.*

Cette Province, qu'on a ainſi appellée à cauſe de la quantité de vallées qu'on y trouve, a au levant le lac de *Wener* & la *Wermélande* ; le Gouvernement de *Bohus* la confine des autres endroits. Sa longueur eſt de 10 milles, & ſa largeur de 5 $\frac{1}{2}$. Ce pays eſt rempli de montagnes & de pierres. Ses Habitans commercent avec des mâts, des poutres, des planches, du goudron, des chevaux, des bœufs, des brebis, du lard, du beurre, &c.

Le plus conſidérable de ſes lacs eſt le *Stolared.*

Ses Villes les plus remarquables ſont *Daleborg* & *Brette.*

3. *Le Gouvernement de Bohus.*

Il eſt borné au nord par celui d'Aggerhus, par la Weſtrogothie au levant & au midi, & par le Categat au couchant. Sa longueur eſt de 21 milles & ſa longueur de 6 juſqu'à 7. La fortereſſe de *Bohus* qui lui a donné ſon nom, & les Villes de *Marſtrand*, d'*Uddervalla* & de *Konghell*, en ſont les lieux principaux.

Il y a près d'*Uddevalla* une haute montagne preſque toute compoſée de coquilles de moules, dont on fait de la chaux.

III. *La Gothie Méridionale.*

Elle comprend la *Scanie*, le *Halland* & le *Blekingen*, qui ont été ſujettes à beaucoup de révolutions. Le Roi Charles Guſtaves les ſoumit à la Couronne par le Traité de *Roſchild*.

1. *La Scanie, ou Schonen.*

Cette Province n'eſt ſéparée de la Séelande que par l'*Oereſund*. C'eſt une grande preſqu'Iſle, bornée au nord par l'*Halland*, le *Smalland* & le *Bleking*, & baignée ailleurs par la Mer Baltique, le détroit du Sund, & le Categat. Sa longueur eſt de 14 mill. & ſa largeur de 11. C'eſt la plus agréable de toutes celles de la Suéde, parce que l'air y eſt plus tempéré. Elle eſt fort baſſe. Son terrein eſt ſabloneux ou argilleux, & mêlée d'une terre noîre. Elle eſt remplie de collines, & l'on recueille dans ſes plaines du ſeigle, de l'orge, de l'avoine, du bled ſarraſin, des pois, du fruit, du miel, du cumin. Tous les animaux y ſont plus grands que dans la partie ſupérieure de la Suéde. On trouve dans cette Province de la pierre d'alun, de la mine de ſoufre &

de l'ambre jaune. C'est celle où il y a le plus de
métairies & de terres nobles. Elle ne renferme que
l'Evêché de *Lunden*. Elle avoit anciennement ses
Rois & ses Loix particuliers. Ses Lieux principaux
font :

Malmoe, appellée par les Hollandois *Ellenbogen*,
parce que le Terroir où elle est forme un coude
dans la mer.

Lunden, qui en est la Capitale, étoit autrefois la
résidence des Rois du pays. Il y a près de la Cathédrale une fontaine qui fournit de l'eau à toutes
celles de la Ville. Charles XI y fonda une Univer-
sité en *1666*, qu'on appelle l'*Académie Caroline des
Goths*. Ses Habitans s'appliquent à l'agriculture, &
cultivent la garance.

Il se donna près de cette Ville en 1675 une Bataille entre les Suédois & les Danois, qui y conclurent la Paix en 1679.

Son élévation du Pôle est de 55 d 41'. 6".

Landskrona, Ville fortifiée au bord du *Sund*, bâtie
en 1413, par les ordres d'Eric de Poméranie. Il se
donna auprès, en 1677, une Bataille entre les Suédois
& les Danois. On y plante du tabac, & les Habitans
font un commerce considérable

Huveen ou *Ween*. C'est une Isle fertile en forme
de montagne, située dans le *Sund*, que Frédéric II.
donna à *Tycho-Brahé*, à qui il fit bâtir le Château
d'*Uranienbourg*, pour y faire des observations As-
tronomiques : mais ses ennemis le forcerent de l'a-
bandonner en 1597, & il mourut en 1601. Son
Globe céleste avoit 6 pied de diamettre, & lui avoit
coûté 5000 écus de l'Empire. On l'avoit transporté
à Coppenhague, où il fut réduit en cendre en 1728.
Le Château où il étoit n'est plus qu'un tas de pierres.

Helsingborg. Cette Ville à qui les *Helsingiens* ont
donné leur nom, est sur le Sund, vis-à-vis d'Elseneur
environ à 6 lieues de *Landskrona*, du côté du nord,

Le port est si bas, que tous les vaisseaux qui passent sont obligés de se tenir près d'*Helsingoer*, ce qui est cause que le commerce y est très-mauvais. C'est la route ordinaire pour passer le Sund, & aller en Danemarck. Il y a tout auprès une montagne d'où saillit une source qui fournit à la Ville 43 pintes d'eau chaque minute. On en embarque une grande quantité.

Ramlosa. C'est un lieu près d'*Elfingborg*, où il y a une source d'eau minérale renommée.

Christianstad. Cette Ville, qui est située sur le bord du fleuve *Helgea*, a eu pour Fondateur en 1614 Christian IV, Roi de Danemarck. Son commerce est le meilleur de la Scanie. La Ville est bâtie dans un marais, par le 56ᵈ, 1', 20'' de latitude.

Son Fort fut pris par les Danois en 1676, mais le Roi Charles XI le reprit d'assaut l'année suivante.

Andrarum : à 2 milles ½ de *Christianstad* vers le sud, est célebre par sa fabrique d'alun.

Rivik. Il y a une pêcherie de harang.

2. *Le Halland.*

Cette Province est comprise entre la Westrogothie, le *Sconen* & la Manche de Danemarck. Elle a 16 milles de long, & 4 de large dans la partie méridionale. Le Pays est montagneux & couvert de bois vers le Smaland & la Westrogothie ; on ne trouve aucune forêt du côté de la Mer, & le Pays compris entre Falkemberg & Halmstad est inhabitable à cause du sable volant. Le bled manque dans plusieurs endroits, mais le poisson y est abondant. Le saumon qu'on y pêche est le meilleur de toute la Suede. Les cinq rivieres qui l'arrosent, en fournissent aussi beaucoup. On y trouve deux lacs.

On divise le Halland en méridional & septentrional. Les Villes principales du premier sont :

Knared, où les Danois & les Suédois conclurent la Paix en 1613.

Halmstad.

Halsmtad, ou l'embouchure de la *Nisa*. Son saumon est renommé. En 1619, le Roi Gustave Adolphe & Christian I V, s'y firent une visite d'amitié. Charles X I y battit les Danois. On y cultive le tabac.

Skottorp. Terre Noble, où le Roi Charles X I célébra ses nôces en 1680, avec la Princesse de Danemarck Ulrique Eléonore.

Falkenberg. Petite ville maritime, près de laquelle le fleuve de *Falkenberg* se jette dans la mer. On y prend annuellement 4000 saumons. Son port est comblé par les sables.

Le Village d'*Axtorn*, près duquel se donna en 1595 la bataille de Falkenberg, où 8000 Danois se firent jour à travers de l'armée suédoise qui étoit de 24000 hommes.

Le *Halland* septentrional est couvert de bois & de montagnes. Il s'étend depuis le Falkenberg jusqu'au fief d'Esisborg.

On pêche annuellement à *As-Kloster*, qui étoit autrefois un Couvent, près de 2000 Saumons.

3. *Le Blekingen.*

Cette Province est située le long de la mer Baltique, qui la baigne au levant & au midi ; elle a le Schonen au couchant, & le Smalland au nord. Sa longueur est de quinze milles, & sa largeur de quatre. Le pays, quoique montagneux, est agréable, & rempli de forêts, mais les habitans sont obligés de tirer le bled de leurs voisins. Leur commerce consiste en goudron, suif, potasse, peaux, poutres, planches, mâts, &c. Les pâturages y sont fort beaux, mais le bétail y est plus petit que dans la Scanie. Cette Province est arrosée par six fleuves qui fournissent du Saumon ; & l'on y trouve plusieurs lacs.

Elle avoit autrefois titre de Duché, & les Danois la cédérent aux Suédois par la paix de Roschild en 1658 ; ses principales villes sont :

Karlskrona, sur le bord de la mer Baltique, dont le port est si grand, que toute la flotte royale peut y entrer. Ce qu'on y voit de plus remarquable est la *Docke*, laquelle consiste en un creux pratiqué dans la montagne, dont la profondeur est d'environ 80 pieds, & la longueur de 800 jusqu'à 850. Il y a une grande ouverture du côté de la mer, par où les vaisseaux entrent. Lorsqu'elle est fermée, on peut le mettre à sec dans vingt-quatre heures, & les radouber.

Ronneby, près de laquelle le Fleuve de ce nom se jette dans la mer Baltique. Il y a une source d'eau minérale.

Gio est une presqu'isle à ¼ de mille de là, où l'on pêche du saumon. On cultive quantité de tabac à *Karlshamn*, que le Roi Charles X, dont elle porte le nom, fonda en 1658.

III. *Le Nordland.*

Le Nordland, c'est ainsi qu'on nomme la partie septentrionale de la Suéde, confine du côté de l'orient au Golfe de Bothnie ; au midi, à l'Upland & la Dalie ; au couchant à la Dalécarlie, la Norvège & la Lapponie ; vers le nord à cette derniere. Ce pays formoit un Royaume particulier du tems des Payens. Quoiqu'elle soit remplie de montagnes & de rochers, & par conséquent peu propre à l'agriculture, on ne laisse pas que d'y trouver des prairies & des terres fertiles entrecoupées de lacs, de fleuves & de forêts. On y fait un grand commerce en bois & en gibier. Les lacs & les fleuves y sont très-poissonneux ; & on y trouve quantité d'oyes sauvages. Il comprend quatre Provinces, sçavoir :

1. *La Gestricie.*

Le Golfe de Bothnie la baigne au levant. Elle est bornée au nord par l'Helsingie ; au couchant par la

Dalecarlie, & au midi par la Westmannie & par
l'Upland. Sa longueur est de neuf milles, sa largeur
de six. On y trouve des mines de fer & de cuivre,
des fleuves & des lacs poissonneux.

Gesle, qui en est la Capitale, est située sur un bras
du Golfe de Bothnie, & traversée par le fleuve de
ce nom, qui se jette dans la mer à ½ mille de la ville :
on y pêche du saumon.

Hillebrun, est une source d'eau minérale à 1 mille ⅝
de la ville.

2. *L'Helsingie.*

Cette Province est bornée au Nord par la Médel-
padie & la Jemptie, au couchant par la Dalecarlie,
qui avec la Gestricie la confine vers le midi ; le Golfe
de Bothnie la baigne vers le levant. Elle a vingt
milles de longueur, sur seize de largeur. Elle est pleine
de montagnes & de forêts, & les habitans ne s'occu-
pent presque qu'à la chasse & la pêche. Il n'y a point
de villes, & les bourgs principaux sont *Hudickwall*,
Agon, port de mer, & *Boldson*, qui en est aussi un.
On la divise en septentrionale & méridionale.

3. *La Medelpadie.*

Cette Province est située le long du Golfe de Bothnie,
entre l'*Angermanie*, l'*Helsingie* & la *Jemptie*. Sa longueur est de vingt-quatre milles, & sa largeur de
sept. Ce pays est rempli de montagnes & de forêts,
mais on y seme les grains vers la Pentecôte, & on
les recueille au bout de six semaines.

Les forêts de *Gimdalen* & d'*Arshorg* son remplies
d'Elans, de Rennes sauvages, de Castors, de Mar-
tres, Fouines, de Loups cerviers, de Renards & de
différentes espéces d'oiseaux. On y trouve un grand
nombre de rivieres & de lacs poissonneux. On y pêche des saumons & des chiens marins.

On divise cette Province en *septentrionale & mé-*
ridionale.

La premiere comprend *Sundsvall*, petite ville maritime, & l'unique de la Province.

Seelanger.

La seconde, la Paroisse de *Tuna*, où l'on trouve le tombeau du Géant *Sarkoter*, qui a dix aunes de longueur.

On y trouve encore les ports de *Kalfsund* & de *Skepshamn*.

La plûpart des habitans de la premiere demeurent, comme les Lappons, sous des cabanes faites de branches d'arbres, & couvertes de peaux.

4. *Le Jaemtland.*

Cette Province, qu'on nomme autrement *Jemtie*, est près des frontieres de la Norvége. Sa figure est presque ronde, & elle a 14 mille de long sur vingt de large. Elle fut cédée à la Suéde en 1645, par le Traité de *Bromsebro*. Le terrein est montagneux, mais de différente qualité. La partie ocidentale est couverte de hautes montagnes, de collines, de vallées & de fleuves. L'orientale consiste en terres unies, entrecoupées de lacs & de rivieres poiffonneufes. On y cultive de l'orge, du seigle, peu de froment, & de l'avoine. Les Elans y font nombreux.

On y trouve des carrieres d'alun, de la terre de chaux-blanche, des pierres de taille, du cristal de roche, de la mine de plomb, deux mines de cuivre.

Les habitans de cette Province font peu nombreux. On la divise comme la premiere, en *septentrionale* & *méridionale*.

On remarque dans cette derniere le Bourg de *Frofon*, d'où l'on découvre tout le pays, parce qu'il est au centre.

5. *Haerjedalen.*

Cette Province est remplie de montagnes & de forêts, ce qui est cause que les terres y font affez mal cultivées, & que les habitans s'en tiennent à la nourriture du bétail. Ils subsistent de la chasse & de la pêche, & trafiquent en fromages. On y trouve un grand nombre de lacs & de fleuves.

On la divise en *septentrionale* & *méridionale.*

On trouve dans la premiere :

Lindal, où il y a une mine de cuivre abondante ; la montagne de *San-Fiallet*, qui est toujours couverte de neige.

6. *L'Angermannie.*

Cette Province est située vers le nord sur un terrein élevé ; & a vingt-quatre milles de long & seize de de large. Le pays est couvert de montagnes & de forêts, & cependant fertile, surtout le long de la rive méridionale du fleuve d'Angermannie. On y recueille du seigle, des pois, de l'orge, des lentilles & du lin. Les pâturages y sont fort beaux.

Le fleuve dont je viens de parler est un des plus grands du royaume, & l'on y pêche quantité de saumons.

On remarque dans la partie *méridionale :*

La ville d'*Hernoefand* a l'embouchure du fleuve d'*Angermannie*, dans l'Isle d'*Hernøen*. C'est la seule de la Province. Ce fut le Roi Jean III qui la fit bâtir en 1584. Elle communique avec la terre-ferme par un pont de bois de cent aunes de long. Les toileries sont son principal commerce. Il y a tout auprès des monticules qui servoient de tombeaux aux Payens. Cette ville est située par le 62 d. 38 min. de latitude.

Hammar, Maison de Poste où l'on décharge les marchandises qui remontent le fleuve d'Angermannie.

Dans la partie *septentrionale :*

Ulfoen, où il y a un bon port & une très-bonne mine de fer.

7. *La Bothnie occidentale.*

Ce pays borde les deux rives du Golfe du même nom ; & l'on appelle Bothnie occidentale, la partie qui éft au couchant, & Bothnie orientale celle qui eft au levant de ce Golfe. Les contrées habitées de la premiere, à compter des frontieres de l'Angermannie, jufqu'à *Tornea*, ont environ cinquante-huit mille de long fur feize à dix-huit de large. Le pays eft rempli de forêts, de fleuves & de lacs, & les pâturages y font tres-bons. Il eft uni, & le terrein fi fertile, que les grains muriffent au bout de fix, fept ou huit femaines. On y trouve des mines de cuivre & de fer, & les habitans fubfiftent de l'agriculture, du bétail, de la chaffe & de la pêche. Ils trafiquent en poutres, planches, goudron, faumon falé & fumé ; chair falée, graiffe de chien marin, gibier, beurre, fromage, pelleterie, &c.

Les quatre Prevôtés de cette Province font celles : D'*Umea*, de *Pitea*, de *Lulea*, de *Tornea*, dont les capitales porterent les mêmes noms.

Charles XI étant allé à *Tornea*, obferva le 24 Juin de deffus les tours de l'Eglife le foleil au milieu de la nuit.

I V. *La Lapponie Suédoife.*

Ce vafte pays eft renfermé entre le foixante-quatriéme & le foixante-onziéme degrés de latitude, & entre le trente-neuvieme & le foixante-huitiéme de longitude. L'air y eft extrêmement froid, l'hiver dure neuf mois, dont trois ne font qu'une nuit continuelle, pendant laquelle on ne s'apperçoit de la diftinction des jours, que par quelques crépufcules qui paroiffent le matin & le foir ; en échange les trois mois d'été y font un jour continuel, qui y caufe des chaleurs exceffives qui engendrent une si grande quantité de mouches, qu'elles forment un nuage qui obscurcit le soleil.

Tout ce pays est plein de montagnes affreuses, de terreins humides & marécageux, de plaines sabloneuses & arides, cependant il ne laisse pas que de produire du bled, mais la nourriture du bétail fournit à l'entretien des Lappons, & les rennes, qui sont des espéces de cerfs, leur donnent du lait & du fromage, & leur servent à tirer leur traîneaux, à porter leurs charges. Ces peuples vivent très-longtems, & il leur arrive souvent d'atteindre l'âge de cent ans, & de ne mourir que de vieillesse. Les Lappons aiment si éperdument leur pays qu'ils ne peuvent vivre dans des climats plus doux. Ils ont le travail en horreur, & ils aiment mieux rester couchés tout le jour dans leurs tentes, que de s'y assujettir, lorsqu'ils ont des ressources pour pourvoir à leur subsistance. Ils tirent de l'arc avec adresse, & tuent une quantité prodigieuse d'ours blancs, de loups & de lievres, &c. Les rennes font tout leur patrimoine ; quelques-uns en possédent jusqu'à mille, & il y a des Hameaux, où l'on peut en trouver 30,000. Malheureusement pour eux, ces animaux sont exposés à la poursuite des bêtes féroces, & à des maladies qui en font périr quantité.

Comme la nourriture du bétail est leur principal objet, ils sont obligés de changer souvent de demeure pendant le cours de l'année. Les rennes elles-mêmes les y forcent, car lorsque le fourage leur manque, ou que le printems approche, elles se mettent en marche d'elles-mêmes, & forcent leurs maîtres à les suivre. Les rennes, surtout les sauvages, trainent leurs traineaux avec tant de vîtesse, qu'elles semblent voler à travers les forêts, les montagnes & les vallées. Je me dispenserai de donner ici la description de ces animaux, parce que je suis persuadé que tout le monde les connoît.

D iv

La nourriture propre des Lappons est la chair des rennes, & ils ne connoissent le froment, le seigle, l'orge, &c. que par le peu qu'ils en achetent dans les villages. Ils sont la plûpart brunâtres & noirs, ce qui provient en partie de leur malpropreté, & en partie de ce qu'ils sont presque toujours exposés à l'air où à la fumée. Les deux sexes ont des cheveux tirant sur le noir, le menton pointu, les joues enfoncées, & le front large. Ils sont communément d'une taille moyenne. Ils ne connoissent d'autres mœurs que celles de leur pays ; & les vols sont peu fréquens chez eux. Quoique tous les Lappons Suédois professent aujourd'hui la Religion chrétienne, on en trouve cependant qui n'ont de chrétien que le baptême & le nom. Ils ont une si haute idée de leurs Ancêtres, qu'ils regardent comme bon & louable tout ce qu'ils ont fait. Ils nomment *Jubmel*, le Dieu qu'ils reconnoissent comme le maître souverain de toutes choses & des bonnes natures, & *Perkel*, celui des mauvaises. Ils ont aussi leurs demi-Dieux : leurs Idoles étoient de bois & de pierres, & ces derniers étoient en plus grande vénération que les autres.

On a beaucoup parlé des sortiléges des Lappons, mais les récits qu'on en fait sont exagérés. Leurs tambours magiques sont aussi connus partout ; mais ils s'en servent avec tant de circonspection, que leurs voisins même ignorent qu'ils en aient. Ils seroient punis de mort, s'ils étoient découverts.

Ces peuples avoient autrefois leurs Princes particuliers ; mais le Roi Magnus Laduslas, qui régnoit vers l'an 1276, ayant déclaré que quiconque auroit soumis les Lappons à la couronne de Suéde, les retiendroit dans son obéissance, & transmettroit son droit à ses successeurs, les nommés *Bickarle*, qui habitoient la Bothnie ocidentale, tenterent l'aventure, & l'exécuterent en partie par ruse, & en partie par la force. La Lapponie leur fut abandonnée en toute

propriété, ils en perçurent tous les revenus , & ne
payerent à la Couronne qu'une redevance annuelle ;
mais leur autorité fut enfin anéantie , & Gustave I
posa les premiers fondemens d'une meilleure police
chez ces peuples. Charles X I suivit son plan , &
mit les choses dans l'état où elles sont actuellement.

Division de la Lapponie.

Toute la Lapponie est divisée en *Lapp - Markt,*
Préfertures ou Provinces qui tirent leurs noms des endroits les plus prochains du Nordland. Elles appartien-
nent toutes à la Capitainerie provinciale de la Bothnie
ocidentale , à l'exception de celle de *Jamtland* , qui
dépend de celle du Nordland ocidental.

La premiere est la *Lapp-Mark* de *Jamtland* , qui est
la plus méridionale de toute la Lapponie , & située
dans une courbure entre la Province de *Jamtland* &
les montagnes. Sa longueur est d'environ trente milles.

La seconde , la *Lapp-Mark d'Asele* , ou d'*Angermannie.* Celle - ci est située sur le fleuve d'Angermanie , & confine vers l'orient , à la province du même
nom , vers le nord , à la Lapp-Mark , d'Umea ; vers
l'ocident, aux montagnes, & vers le Sud, au Jamtland.

La troisiéme , la *Lapp-Mark d'Umea* confine vers
le Sud à celle d'Asele & à la Paroisse de Normaling
en Angermannie ; vers l'orient , à la Paroisse d'Umea ;
vers le nord à la Lapp-Mark de Pitea , & vers l'ocident , à la Norvége.

La quatrième , la *Lapp-Mark de Pitea* confine vers
l'orient à la Bothnie ocidentale ; vers le Sud, à la
Lapp-Mark d'Umea vers le couchant , aux montagnes ,
& vers le nord , à la Lapp-Mark de Lulea. Il n'y a
dans cette Lapp-Mark qu'un seul village.

Cinquiémement , la *Lapp-Mark de Lulea* , est sur
le fleuve de Lulea. Elle confine , vers l'orient , à la
Bothnie ocidentale ; vers le Sud , à la Lapp-Mark de

Pitea ; vers l'oueſt à la Norvége, & vers le nord à
la Lapp-Mark de Tornea. Elle conſiſte pour la plus
grande partie en hautes montagnes & en forêts, parmi
leſquelles on trouve quelques terreins unis. Le grain
y mûrit plutôt que dans les provinces méridionales.
On y trouve des mines d'argent & de fer.

Sixiémement, la *Lapp-Mark de Tornea*. Cette province eſt ſituée ſur le fleuve du même nom, & confine vers l'orient à celle de Kiemi, vers le midi à la
Bothnie occidentale & la Lapp-Mark de Lulea ; vers
l'ocident à la même Lapp-Mark, & vers le nord à
la Norvége. On y pêche du Saumon, & l'on y trouve
des mines de cuivre & de fer.

Septiémement, le *Lapp-Mark de Kiemi*. Elle confine vers l'orient à la Lapponie Ruſſe ; vers le midi
à la Bothnie orientale ; vers le couchant, à la Lapp-
Mark de Tornea ; & vers le nord, à la Lapponie
Danoiſe & à la Lapponie Ruſſe. Le principal revenu de ſes habitans conſiſte dans la chaſſe des rennes
ſauvages & des loutres. La montagne de *Manſelka*
eſt entre le Golfe de Bothnie & la mer du nord.

Hiſtoire Abrégée de la Suéde.

ON ne ſçait rien de certain des Suédois juſqu'à
l'an 830, que l'Empereur *Louis-le-Debonnaire* envoya Anſgarius, qui fut depuis Archevêque d'Ham-
bourg, pour convertir les Suédois & les Goths ; mais
cette miſſion n'eût preſque point de ſuccès. L'Archevêque y retourna quelques années après, & bap-
tiſa le Roi Olaus, que ſes Sujets Payens ſacrifierent
à leurs Dieux. Les Suédois n'embraſſerent le Chriſ-
tianiſme qu'environ deux cents ans après. Les Royaumes de Suéde & de Gothie étoient alors unis ; ils
ſe ſéparerent pendant près de deux cent ans, & ſe

réunirent l'an 1132 , lorſque Suercher , Roi des Oſ-
trogoths, fut reconnu pour Roi des Suédois & des
Goths , à condition que ces peuples feroient gouver-
nés alternativement par un Prince de chacune de ces
Nations , mais ce réglement occaſionna des déſordres
dont les ſuites furent également funeſtes pour l'une
& pour l'autre. Ce démêlé s'étant terminé par l'ex-
tirpation de la Maiſon Royale des Goths , il en ſur-
vint un nouveau. Waldemar, fils de Berger , Jerle ,
ou Earle , qui deſcendoit de la maiſon des *Suédois*
fut élu par le Conſeil de ſon pere , & fit ſes trois
freres Ducs de Finland , de Sudermanland, & de Smaland ; mais il les rendit ſi puiſſans, qu'il leur donna
moyen de troubler ſon Gouvernement. Ils le forcerent à ſe défaire de ſon Royaume en faveur de ſon
frere Magnus Smeck, qui le laiſſa à ſon fils Berger ,
qui eut des guerres continuelles avec ſes deux freres
Erick & Waldemar , qu'il fit mourir de faim. Berger fut enfin chaſſé, & le Duc Erick ſon fils lui ſuc-
céda. Le Roi Magnus , après avoir réuni la Scanie
& quelques autres Provinces à la Couronne , les re-
perdit par ſa mauvaiſe adminiſtration ; & les Suédois, pour s'en venger, le chaſſerent du Trône, &
élurent en ſa place Albert Duc de Mecklenbourg ,
fils de ſa ſœur , dont les Suédois furent bientôt las.
Il offrirent le Royaume à Marguerite , fille de Wal-
domar , Roi de Danemarck , à qui Haquin ſon
mari avoit laiſſé la Norvége , laquelle réunit en 1397
les trois Royaumes du Nord par le célébre Traité ,
connu ſous le nom d'*Union de Calmar.* Les loix
qu'elle leur donna furent approuvées par les Etats ,
quoiqu'elles fuſſent fort onéreuſes aux Suédois, &
fort avantageuſes aux Danois , qui eurent l'adreſſe
de s'inſinuer dans la faveur du Roi , & de rendre
ſuſpects les Suédois & les Norvégiens. A la priere
de la Reine Marguerite , les trois Nations élurent
pour Roi ſon jeune neveu Erick de Poméranie ; elle

se réserva le Gouvernement pendant sa minorité, & mourut enfin de la peste en 1412. Erick épousa Philippine, fille de Henri I V, Roi d'Angleterre, laquelle voyant Copenhague assiégée, & le Roi Erick retiré dans un Monastère ; prit le commandement des Troupes qui défendoient la ville, & battit les assiégeans. Elle profita de l'absence du Roi pour mettre une flotte en mer ; mais cette expédition n'ayant point réussi, il la battit & la maltraita si fort à son retour, qu'elle se retira dans un cloître, où elle mourut peu de tems après.

Les Suédois, lassés de l'oppression des étrangers sous laquelle ils gémissoient, secouerent enfin le joug, renoncerent au serment de fidélité qu'ils avoient prêté au Roi Erick, mirent en sa place Charles Knuteson, Général du Royaume, & lui donnerent la qualité de protecteur, qu'il conserva environ quatre ans, au bout desquels ils appellerent Christophe de Baviere, que les Danois & les Norvégiens avoient déjà élu pour leur Roi. Le régne de Christophe fut court, & les Suédois s'étant dégoutés de l'union dont j'ai parlé ci-dessus, élurent après sa mort Charles Knuteson leur protecteur, qui par un exemple mémorable de l'inconstance de la fortune, fut détrôné au bout de dix ans par une faction Danoise, & obligé de se retirer à Dantzick, où il fut réduit à la derniere pauvreté. Christian d'Oldenbourg, Roi de Danemarck & de Norvége, lui succéda, & renouvella l'union, qui fut bientôt rompue. Christian fut détrôné après un régne de cinq ans. Charles Knuteson remonta sur le trône, où il ne demeura que quatre ans, parce que le Clergé, qui avoit formé un parti plus fort que le sien, le força de renoncer à la Couronne, & de se réfugier pour la seconde fois dans le Duché de Finland, où il vécut aussi pauvre qu'il l'avoit été à Danzick.

Après sa déposition, Erick Alexton, son gendre,

fut nommé Gouverneur du Royaume , où il y eut pendant longtems plusieurs factions en faveur de Christian de Danemarck ; mais ce parti s'étant dissipé ; Charles Knuteson fut rétabli pour la troisiéme fois sur le Trône de Suéde qu'il occupa jusqu'à sa mort, après laquel e Steno-Sture , Gentilhomme d'ancienne famille , fut fait Protecteur du Royaume , qu'il défendit longtems contre le Roi Christian , qui lui succéda aux Couronnes de Danemarck & de Norvége , qui fut enfin forcé de céder la place à Jean, qui réunit encore les trois Couronnes, mais qui ayant opprimé la Nation à l'exemple de son prédecesseur, ne fut pas longtems Roi. Steno-Sture fut déclaré Protecteur pour la seconde fois. Svanto-Sture lui succéda en la même qualité. Celui ci eut des guerres continuelles avec Jean, pendant tout le cours de sa Régence, qui fut conféré à son fils après sa mort. Steno-Sture *le jeune* , qui s'opposa à la faction des Danois, dont l'Archevêque d'Upsal étoit chef , étant mort d'une blessure qu'il reçut dans une escarmouche contre les Danois , Christian, second Roi de Danemark & de Norvége , parvint à la Couronne de Suéde, & en usa d'une manière si tyrannique , que toute la Nation conspira contre lui en 1520 sous la conduite de Gustave premier, de la race des anciens Rois de Suéde. Christian avoit fait décoler son pere , & empoisonner deux sœurs de sa mere. Gustave fut d'abord reçu en qualité de Gouverneur du Royaume, & les Suédois lui confererent la dignité Royale deux ans après. Les Danois & les Norvégiens ayant chassé leur Roi Christiern , qui avoit épousé la sœur de l'Empereur Charles V , celui-ci alla demander du secours à la Cour Impériale , qu'il ne put obtenir. Il fut défait en arrivant dans la Norvége , fait prisonnier, & sa prison ne finit qu'avec sa vie. Gustave se vit par-là en repos & en liberté de rétablir les affaires du Royaume. La premiere difficulté qu'il rencontra fut de la part des Ecclésiastiques, qui avoient occasionné tant de troubles sous les régnes précédens. Pour prévenir ceux qu'ils pouvoient causer à l'avenir, il diminua leurs revenus, en réunissant à la Couronne toutes les terres qui avoient été données à l'Eglise dans les siécles précédens. Cette conduite, & la réformation qu'il introduisit dans ses Etats, donnerent lieu aux troubles qui agiterent les dix premieres années de son régne; mais après cela, il vécut paisiblement dans ses Etats, si l'on en excepte quelques demêlés qu'il eut avec la Ville de Lubeck & avec les Moscovites. Le Royaume avoit été jusqu'alors électif depuis plusieurs siécles, mais il le rendit héréditaire pour ses descendans mâles; à cela près néanmoins, qu'à défaut de ceuxci, le droit d'élection retourneroit aux Etats. Le partage qu'il fit entre ses enfans, joint au penchant que Jean frere d'Erick, & Sigismond, Roi de Pologne, montrerent pour la Religion catholique, occasionna quantité de troubles dans ce Royaume.

Gustave eut trois femmes, dont il eut quatre fils & plusieurs filles. Erick son fils aîné devoit succéder à la Couronne, Jean fut fait Duc de Finland, Magnus d'Ostrogothie, & Charles de Sudermanland. Gustave, après avoir régné trente-six ans, laissa la Couronne à son fils Erick. Celui-ci avoit dessein d'aller en Angleterre, dans l'espérance d'épouser la Reine Elisabeth; mais la mort de son pere l'en empécha. Il régna neuf ans, & garda pendant cinq ans son frere Jean dans une étroite prison, parce qu'il le soupçonnoit de vouloir le supplanter, ce qu'il fit en effet. Erick ayant été déposé à cause de sa mauvaise conduite, Jean III, parvint à la Couronne malgré les Etats du Royaume qui avoient déjà prêté serment au fils que la Reine, épouse du Roi Erick, lui avoit donné avant qu'ils fussent mariés. Il continua avec succès la guerre contre les Moscovites, qui avoit commencé du tems d'Erick dans les environs de la Livonie, & leur prit plusieurs places. Les Moscovites, les Polonois & les Danois, avoient des prétentions sur ce pays ; car comme les Templiers avoient cédé à la Pologne leur droit sur la Livonie, les Moscovites étoient aussi convenus de céder leurs prétentions à Magnus, Duc de Holstein, frere du Roi de Danemarck, à condition qu'il en fît une reconnoissance au Czar, en qualité de Seigneur souverain ; de sorte que quatre grandes Nations prétendoient tout à la fois s'emparer de ce pays, ce qui en facilita la conquête aux Suédois. Le regne de ce Prince fut troublé par les changemens qu'ils voulut introduire dans la Religion établie. Il ne sçavoit s'il devoit s'unir avec l'Eglise Latine ou avec la Grecque ; il se déclara enfin pour la premiere, mais il ne put obliger ses Sujets à suivre son exemple. Après avoir retenu dix ans en prison son frere Erick, comme je l'ai déjà dit, il le fit empoisonner. Son frere Magnus, qui n'avoit pas l'esprit bien réglé, & qui n'étoit pas capable de former aucun dessein, ne lui donna aucun ombrage ; mais il n'en fut pas de même de son frere Charles, qui lui causa de grands soupçons, & ce ne fut qu'avec beaucoup de peine qu'on les empêcha d'en venir aux extrêmités. Le Roi Jean mourut après un regne de trente-six ans, & son fils Sigismond lui succéda. Sa mere s'appelloit Catherine, Princesse Polonoise de la Maison des Jagellons. Il avoit été élu Roi de Pologne, cinq ans après la mort de son pere. Jean son frere étoit encore en âge de minorité, & son oncle fut nommé Régent du Royaume, jusqu'à ce que Sigismond vint de Pologne pour le faire couronner Roi de Suéde, ce qui fut fait environ un an après la mort de son pere. Son couronnement fut retardé pendant quelques mois, par les dificultés qui survinrent sur le fait de la Religion, & la confirmation des priviléges, mais tout cela s'étant accommodé, le Roi retourna en Pologne, après avoir fait un an de séjour en Suéde & laissa le Royaume dans le plus grand désordre. Quelques années après, comme il revenoit de Pologne, son oncle le reçut à la tête d'une armée, & défit les forces que le Roi avoit avec lui. Sur ces entrefaites, il se fit un accommodement ; le Roi s'en retourna en Pologne & laissa à son oncle le soin du gouvernement. Il demeura dans ce poste jusqu'à ce que les Etats de Sigismond, qu'ils avoient inutilement fait consentir à l'élévation de son fils sur le Trône, que Jean son frere avoit aussi refusé, conférerent la dignité royale à Charles IX son oncle, qui se trouva par-là engagé à faire la guerre aux Polonois, comme il avoit déjà fait aux Moscovites. Le théâtre de ces deux guerres fut la Livonie, où les Suédois eurent du pire, jusqu'à ce que les affaires des Moscovites tomberent dans un désordre qui les força de donner la paix à la Suéde, pour en être secourus contre les Polonois & les Tartares. Ils eurent le secours qu'ils demandoient, sous des conditions fort avantageuses à la Suéde, qui donna le commandement de ses Troupes au Comte Jacob de la Gardie. Ce Général rendit de grands services aux Moscovites. Mais comme ils n'exécuterent pas les clauses du Traité ; il rompit avec eux, prit la ville de Novogorod, & disposa les habitans & ceux des autres provinces voisines à demander pour leur Czar le Prince Philippe, fils puiné du Roi ; mais on consuma tant de rems à négocier, qu'on perdit l'occasion.

Ce Roi, un an avant sa mort, eut guerre avec le Danemarck, & ce fut dans cet état qu'il laissa son Royaume à Gustave-Adolphe son fils, qui après avoir fait la paix avec le Danemarck, par la médiation de Jacques I Roi d'Angleterre, tourna tous ses soins à la guerre de Livonie & de Moscovie. Il envoya son frere vers les frontieres de Moscovie, non en vue

de

dé l'établir fur ce trône, car il fe propofoit de s'en mettre en poffeffion lui-même ; mais à deffein d'engager les places fortes voifines du Duché de Finlande & de la Livonie à recevoir garnifon Suédoife au nom du Prince Charles-Philippe. Il y réuffit affez bien, jufqu'à ce qu'on eut élu un autre Czar, avec qui il conclut un Traité de paix, par la médiation de l'Angleterre & de la Hollande. Outre une partie de la Livonie, dont la Suéde demeura en poffeffion, elle retint encore le pays d'Ingermerland, & la Province de Kexholm, avec plufieurs places fortes, & chaffa entierement les Mofcovites de la mer orientale. La guerre de Pologne dura plus longtems, & ne fut pas moins avantageufe aux Suédois, qui prirent Riga & toutes les autres places que les Polonois tenoient dans la Livonie, excepté un feul fort. De-là ils porterent la guerre dans la Pruffe, où ils firent les mêmes progrès, jufqu'à ce qu'enfin l'Angleterre & la France s'étant rendues médiatrices, il fe fit une trève pour fix ans. Cette trève donna le tems à Guftave de faire la guerre en Allemagne. L'Empereur l'y avoit forcé, & bien des gens l'y follicitoient. Cette expédition commença l'année fuivante, & étant arrivé le 24 Juin à l'embouchure de l'Oder, il débarqua fa petite armée, qui ne confiftoit qu'en fept compagnies de cavalerie, & quatre-vingt-douze d'infanterie, faifant environ huit mille hommes. Outre les autres renforts qu'elle reçut, elle fut augmentée de fix régimens Anglois & Ecoffois, commandés par le Duc d'Hamilton ; mais ce qui la groffit plus que tout cela, furent les progrès rapides que Guftave fit. Aux premieres approches de ce Prince, Stetin fe rendit, & enfuite toute la Poméranie. Il fe joignit l'année fuivante avec l'Electeur de Saxe, & défit entierement près de Leipfic l'armée de l'Empereur, commandée par le Comte de Tilli. Il traverfa enfuite la Franconie, le Palatinat, la Baviere, &

l'année fuivante il donna la bataille de Lutzen où il fut tué. Sa fille Chriftine lui fuccéda à l'âge de cinq ans. Son pere avoit gagné les Etats en fa faveur, & les avoit obligés à changer l'union héréditaire, qui reftraignoit la fucceffion aux mâles. Pendant fa minorité le Chanceliér Axel - Oxenftiern eut la direction des affaires d'Allemagne, où la guerre continua à l'avantage de la Suéde, qui étoit en poffeffion de plus de cent places fortes, & eut une armée de plus de cent mille hommes, tant que le Prince Charles Guftave fut Général. Peu de de tems auparavant fut conclu le traité de Munfter, par lequel la Suéde eut pour dédommagement les Duchés de Poméranie, de Bremen, de Werden, la ville de Wifmar, féance dans les Diétes de l'Empire & du Cercle de la Baffe - Saxe, & en outre une fomme de cinq millions d'écus.

La Reine fe démit de la Couronne, après avoir inftitué le Prince Charles Guftave Prince héréditaire. Elle avoit formé ce deffein depuis plufieurs années. Elle fe dépouilla de la Couronne avec beaucoup de folemnité, & déchargea fes Sujets du ferment de fidélité. Les Etats auroient fouhaité que le Prince & la Reine fe fuffent mariés, ce qu'ils refuferent de faire parce qu'ils n'avoient aucun penchant l'un pour l'autre.

La dignité royale fut conféré au Prince Guftave le même jour que la Reine y renonça, & l'année fuivante il déclara la guerre à la Pologne, qui avoit protefté contre fon élévation, & fit des progrès fi rapides, qu'ils allarmerent tout l'Europe. Il prit en trois mois toute la Pruffe, à l'exception de Dantzick, une grande partie de la Lithuanie, les villes de Warfovie, de Cracovie, & autres places de la Haute & Baffe Pologne. La plûpart des peuples de ces provinces que le Roi Cafimir avoit abandonnés pour s'enfuir en Siléfie, prêterent ferment aux Suédois & les abandonnerent enfuite. La Mofcovie & la Hollande fe brouillerent avec le Roi de Suéde ; le Danemarck devint auffi fon ennemi, ce qui lui fournit un prétexte honnête pour abandonner la Pologne. Ayant laiffé le gouvernement de la Pruffe à fon frere, il fe rendit en Danemarck, qu'il obligea à acheter la paix, & à lui céder les provinces de *Schonen*, des *Halland* & de *Bleaking*. Cette paix fut rompue quelques mois après. Le Roi de Suéde fit paffer fon armée dans le *Seland*, où il prit le Château de *Cronembourg* ; mais il affiégea inutilement Copenhague. La flotte de Hollande ayant fecouru la place l'été fuivant, le fiége fut converti en blocus. Le Roi Charles Guflave mourut de la fiévre, & Charles X I fon fils lui fuccéda. Comme il n'avoit que cinq ans, fes Miniftres ne fongerent qu'à obtenir une paix honorable, & à maintenir l'autorité du Roi pendant fa minorité, & n'y réuffirent pas. Ils fe joignirent en 1674 avec la France contre l'Electeur de Brandebourg, ce qui les engagea dans une guerre qui leur auroit été funefte, fi la France n'eut obligé le Roi de Danemarck, l'Electeur de Brandebourg, & le Duc de Lunebourg à leur reftituer ce qu'on leur avoit pris.

Cette paix faite, Charles X I époufa, en 1680, Ulrique Eleonore, Princeffe de Danemarck, & s'attacha à diminuer l'autorité des Sénateurs pour augmenter la fienne. Il mourut en 1697, & fon fils Charles X I I qui lui fuccéda, après avoir confommé la paix de *Ryfwick*, ne fçut pas jouir du repos qu'il avoit procuré aux autres. Il fignala les premieres années de fon regne par fa defcente dans l'Ifle de *Zélande*, au mois de Septembre 1700, & par la victoire qu'il remporta fur les Mofcovites devant *Nerva*, le 20 Novembre de la même année. Ce jeune Prince, après avoir fait détrôner Frédéric-Augufte, Duc de Saxe & Roi de Pologne, & fait élire en fa place Staniflas Leczinki, fut battu à *Pultava*, & réduit à

s'enfuit dans les Etats du Grand-Seigneur, où il éprou-
va pendant plusieurs années ce que l'adversité a de
plus redoutable. Il ne rentra dans ses Etats que pour
reprendre les armes, & il fut tué en 1718 devant
Friderickshall. Les Etats élurent pour leur Reine la
Princesse sa sœur, qu'ils obligerent de renoncer à tout
droit héréditaire sur la couronne , & de promettre
qu'elle ne rétabliroit jamais le pouvoir arbitraire.
Cette Princesse céda aussi-tôt la couronne à son mari,
qui monta sur le trône aux mêmes conditions qu'elle.
La Reine Ulrique étant morte sans enfans le 5 Décemb.
1741 , les Etats de Suéde élurent le 4 Juillet 1743 ,
Adolphe Frédéric de Holstein Gottorp , Evêque de
Lubeck , pour succeder à la couronne après la mort
du Roi. Frédéric étant mort le 5 Avril 1751 , Adolphe Frédéric lui succéda , & les Etats de Suéde, assem-
blés à Stockholm à la fin de 1751 , confirmerent la
forme de gouvernement établie dans le royaume.

Je ne dirai rien ici de la derniere révolution ar-
rivée au retour du Roi de Suéde régnant dans ses
Etats , parce que ceux qui l'ignorent peuvent s'en
instruire dans les papiers publics.

La couronne de Suéde étoit anciennement élective ; mais sous le regne de Gustave I , elle devint
successive & héréditaire. Les Etats se réserverent seulement la faculté de rentrer dans leurs droits , si la
postérité de ce Prince venoit à manquer; mais lorsque la Reine Christine , qui étoit la derniere de la
race de Gustave, abdiqua la couronne, elle pria les
Etats de confirmer le droit de succession aux descendans de son cousin Charles Gustave, Comte Palatin
du Rhin , qu'elle avoit choisi pour son successeur.

Il fut résolu , dans une assemblée de la Noblesse,
tenue à Stockholm au mois de Décembre 1680,
que si le Roi tomboit dans une maladie mortelle,
il pourroit se choisir un successeur, sans avoir besoin
du consentement des cinq grands Officiers. Cette

résolution fut confirmée par les Etats, & il fut conclu à la Diéte de 1682, que les filles succéderoient à la couronne, si les mâles venoient à manquer dans la famille royale.

Les Rois n'avoient du tems de l'élection qu'un pouvoir très-limité : ils étoient les chefs & non pas les maîtres, & on leur prescrivoit à leur couronnement des conditions, qu'ils juroient d'observer, & ils n'étoient point entierement établis qu'ils n'eussent reçu cette marque de la royauté. Ils promettoient de gouverner selon les anciennes constitutions du Royaume, sans pouvoir en introduire de nouvelles; de maintenir les Etats dans leurs priviléges, de ne donner les charges, les fiefs & les bénéfices, qu'à des Suédois naturels ; de ne pouvoir faire. emprisonner aucun Gentilhomme, qu'il ne fut convaincu du crime dont on l'accusoit ; de ne rien faire sans la participation du Sénat; de ne pouvoir prendre à son service des soldats étrangers ; de ne point troubler les gentilshommes dans la possession où ils étoient de faire fortifier leurs châteaux, de s'y défendre contre la violence de leurs ennemis, & d'y avoir un asyle inviolable, contre qui que ce fût, après quoi ils consentoient à leur dégradation, s'ils violoient quelques-unes de ces Loix. Ce fut aussi pour les conserver dans leur vigueur, que les Suédois se révolterent, & furent assujettis vingt quatre fois par les Rois de Danemarck. Depuis qu'on a changé la forme du gouvernement, les Etats ont perdu presque toute leur autorité. Ils consistent en quatre Ordres : la Noblesse, le Clergé, les Bourgeois & les Paysans. Devant que le Luthéranisme eut été reçu en Suéde, le Clergé tenoit le premier rang ; il avoit acquis de grands biens des Rois de Danemarck, & sa puissance étoit devenue si considérable, qu'il possédoit pour le moins autant de revenus que le reste du Royaume ensemble; mais après le changement de Religion, la Noblesse l'em-

porta, parce qu'on ne laiſſa aux Eccléſiaſtiques qu'autant de bien qu'il en falloit pour leur ſubſiſtance,
& que le ſurplus fut réuni au domaine, ou employé
à récompenſer les gentilshommes qui avoient con-
tribué à délivrer la *Suéde* de la tyrannie des *Danois*.

On convoque ordinairement les Etats de quatre en
quatre ans, & quand ils s'aſſemblent à *Sockholm*,
c'eſt dans la grande ſalle du château. Voici à peu près
l'ordre qu'on y obſerve. Un Hérault, précédé de
douze Trompettes, en publie l'ouverture dans les
places & fauxbourgs de cette capitale, & le lendemain les Députés des quatres Ordres s'aſſemblent dans
leurs maiſons particuliéres. La Nobleſſe a pour chef
le Maréchal de la Diéte, qui eſt nommé par le Roi.
Elle eſt partagé en trois claſſes; la premiére eſt celle
des Comtes & des Barons; la ſeconde celle des
Maiſons illuſtres par les charges de la couronne, ou
par des emplois conſidérables, & la derniere celle
des ſimples Nobles. Cette diſtinction n'a été établie
que depuis que la couronne eſt héréditaire; dans le
tems qu'elle étoit élective, la vertu & le mérite met-
toient ſeuls de la difference entre les gentilshommes.

L'Archevêque d'*Upſal* eſt à la tête du Clergé, en
qualité de Primat du Royaume. Les Bourgeois ont
ordinairement à leur tête le Bourguemeſtre de *Stockholm*, & les Payſans choiſiſſent un Préſident. Les
Nobles font écrire leurs noms, pour être portés à la
Chancellerie. Le Maréchal de la Diéte leur explique
enſuite les intentions du Roi, & un d'entr'eux lui
répond au nom du Corps, après quoi tous les Députés vont au Château baiſer la main du Roi. L'après-
dîner, le Héraut fait une ſeconde publication de
l'ouverture de la Diéte; & deux ou trois jours après
les Députés de la Nobleſſe ſe rendent à ſept heures
du matin dans leurs maiſons. Le Clergé va à la grande Egliſe; les Bourgeois s'aſſemblent dans la maiſon
de Ville, & les Payſans dans un lieu particulier qu'on

leur prépare. Sur les neuf heures, ils vont tous ſelon leur rang dans la chapelle du Château, aſſiſter avec le Roi, aux prieres accoutumées, pour implorer le ſecours du Ciel. Dès que ces prieres ſont finies, ils entrent dans la grande ſalle où le Roi ſe rend, accompagné de quelques Sénateurs. Sitôt qu'il eſt aſſis ſur ſon Trône, le grand Chancelier fait un diſcours aux Etats au nom du Roi ; enſuite un Secrétaire d'Etat lit les propoſitions qu'on veut leur faire ; après cette lecture, le Maréchal de la Diéte harangue le Roi pour la Nobleſſe ; l'Archevêque d'Upſal parle au nom du Clergé ; le Bourguemeſtre & le Préſident des Payſans pour ceux-ci, & l'on finit cette premiere ſéance par baiſer de nouveau les mains du Roi. Enſuite les quatre Ordres délibérent à part ſur les propoſitions qu'on leur a faites, & conferent enſemble par des députés qu'ils s'envoyent les uns aux autres, ſur la réſolution qu'ils doivent prendre. Dès qu'ils ont formé ce réſultat, ils le communiquent au Roi, qui a ſoin de le faire publier partout le Royaume. Cette aſſemblée ne dure pas long-tems ; le Roi la congédie le plutôt qu'il peut, parce que les Etats s'uniſſent ordinairement après de grandes conteſtations, cenſurent l'adminiſtration publique, & propoſent de grandes réformations. Pour éviter cet inconvénient, on ne leur donne que le tems qu'il faut pour travailler aux points propoſés. Le Roi nomme un certain nombre de Députés des quatre Ordres, pour ménager les affaires les plus importantes, & lui rendre compte de tout ce qui ſe paſſe dans la Diéte. Ce nombre eſt ordinairement de quatre-vingt, & après que l'aſſemblée a pris une derniere réſolution, elle la fait communiquer au Roi, qui congédie les députés. Les choſes s'y paſſent toujours à la ſatisfaction de la Cour, parce qu'elle prend des meſures pour obtenir ce qu'elle demande.

La veuille du jour que la Diéte ſe ſépare, le Roi

& les Hérauts d'armes avec leurs habits de cérémonie ,
& précédés de trompettes, publient dans les principales places de Stockholm , qu'elle fera conclue le
lendemain. Ce jour-là l'affemblée fe fépare après le
ferment & les prieres ordinaires ; enfuite le Roi traite
tous les députés , & apiès que les réfolutions qu'on a
prifes dans cette Diéte ont été publiées , on leur en
donnent des copies imprimées, pour les porter dans
leurs Provinces.

Le Sénat eft le Corps le plus confidérable du Royaume , après les Etats Généraux. Le nombre des Sénateurs n'eft point fixe. Du tems de la Reine Chriftine, il y en avoit quarante : fous Charles Guftave ,
il n'y en eut que 24 ; dans la fuite ils furent réduits
à 12 , fuivant les anciens Statuts du Royaume, con-
firmés par Charles I X , & approuvés par les Etats dans
la Diéte de 1682. Ce Corps étoit autrefois libre,
juge des actions & de la vie du Roi , mais depuis
que la couronne eft devenue héréditaire, il n'eft plus
que le témoin de fa conduite , & quoiqu'il prenne
connoiffance de toutes les affaires d'Etat , fa fonc-
tion eft de lui donner confeil fans pouvoir rien lui
prefcrire. Le Roi feul a le droit d'établir les impôts,
de régler les étapes pour les foldats des provinces ,
de faire battre la monnoie, de faire creufer les mines
de falpêtre , à moins qu'elles ne foient dans les terres
eccléfiaftiques. Il nomme à toutes les chaiges du
Royaume & à toutes les Magiftratures ; il lui eft permis , en cas de néceffité, de lever le dixiéme homme
pour aller à la guerre ; mais il prend en échange
l'argent qu'on employeroit à cette levée , & trouve
par ce moyen le fecret de ne pas dépeupler fes Etats,
ce qui fait que les armées de la Suéde font prefque
toutes compofées de foldats étrangers, & particulié-
rement d'Allemands.

Lorfqu'il meurt quelque Sénateur, les plus grands
Seigneurs, même les Princes du Sang, fuivent le con-

voi, il n'y a que le Roi qui ne s'y trouve pas ; parce qu'il ne fait cet honneur qu'aux cinq grands Officiers de la couronne , parce qu'ils font Régens nés du Royaume pendant la minorité des Rois. Ces cinq Officiers font le grand Justicier, le grand Connétable, le grand Amiral, le grand Chancelier & le grand Tréforier. Ils préfident chacun à une Chambre compofée de quelques Sénateurs; & quand leurs charges vaquent, le Roi les donne ordinairement au plus ancien Sénateur des Chambres , quoiqu'il lui foit permis d'en difpofer en faveur de qui bon lui femble.

Le grand Justicier posséde la premiere charge du Royaume, & a le privilége de mettre la couronne fur la tête du Roi dans la cérémonie de fon couronnement. Il préfide au fuprême Confeil de Juftice, auquel on appelle de tous les autres.

Le Connétable eft le chef du Confeil de Guerre; il prend foin de tout ce qui regarde les armées, & de faire exactement obferver aux Troupes la difcipline militaire. Aux entrées des Rois , il marche le premier devant eux tenant l'épée nue , & dans l'affemblée des Etats, il eft affis devant le trône à main droite.

Le pouvoir de l'Amiral eft fort grand ; il a le commandement des armées navales, le choix de tous les Officiers de guerre & de finances , qui fervent dans la marine, & auxquels il donne les provifions.

Le Chancelier eft le chef de la Police , & fait tous les réglemens néceffaires pour le bien & l'utilité publique. Il eft le dépofitaire des fceaux de la couronne; il expédie toutes les affaires d'Etat , & c'eft lui qui expofe les volontés du Roi aux Etats Généraux.

Le Grand Tréforier a l'adminiftration des finances & des revenus du Roi. Il fait rendre tous les comptes des Fermes aux Tréforiers particuliers; c'eft lui qui figne les Ordonnances & autres expéditions du tréfor.

Le revenu des Rois de Suéde étoit anciennement si médiocre, qu'il suffisoit à peine pour leur entretien. Il consistoit seulement aux droits qu'on levoit sur les marchandises qui entroient ou sortoient du Royaume, tant par mer que par terre. La découverte des mines contribua beaucoup à l'augmenter ; mais il fut beaucoup augmenté lors du changement de Religion, parce que Gustave s'empara de la plus grande partie des biens & des droits du Clergé. Enfin ce qui l'a encore beaucoup grossi, c'est la réunion au domaine de tous les biens qui en avoient été aliénés, comme aussi de tous les dons que la Reine Christine avoit fait aux Gentilshommes. Cette réunion fut proposée aux Etats qui se tinrent en 1680. Comme la Noblesse étoit en possession de ces biens, elle témoigna vouloir s'y opposer, & demanda qu'on lui en laissât la jouissance, offrant en échange une très-grande somme. Cette proposition fut rejettée, & le Roi ayant persisté dans sa résolution, elle fut obligé d'y consentir, de même que le Clergé, les Bourgeois & les Paysans ; mais les Etats n'accorderent cette réunion qu'à condition que ceux qui n'en avoient que ce qu'il falloit pour leur subsistance, ne seroient point obligés à la restitution, à moins qu'on ne leur donnât une pension raisonnable.

Le Royaume de Suéde, malgré sa situation au nord de l'Europe, jouit d'un air très-sain. On y voit peu de malades, & on y trouve beaucoup de personnes qui vivent jusqu'à 130 ans. Cependant il est si peu tempéré, qu'à l'hiver, qui dure pendant les trois quarts de l'année, succédent durant deux mois des chaleurs excessives. Il n'y a presque point de printems ni d'automne ; cependant les fruits, les bleds, &c. y viennent plus vîte que dans les autres climats.

Les campagnes sont enrichies durant l'été d'un infinité de fleurs, & tout le pays est couvert de fraises, de framboises, & de groseilles rouges, & autres fruits qui croissent sur les rochers.

Lorſque les Suédois ont quelque partie du corps engourdie par le froid, leur reméde eſt de la frotter en ſens contraire avec de la neige, juſqu'à ce que le ſang & les eſprits y ſoient revenus.

Abrégé de l'Hiſtoire de la Lapponie Suédoiſe.

ON appelle ce pays *Laponie, Lapie, Lapponie, Lappie.* Ses habitans ſont nommés *Lapons, Lappons, Loppes, Lapes,* & par les Allemands *Lappen, Lappelander* & *Dikilopes.* Ce dernier nom dans la Langue Ruſſienne ſignifie *Lappons, Sauvages* qui n'habitent que les Bois. Ziégler dit que ces peuples ont auſſi peu de jugement que d'adreſſe ; & en allemand le mot de *Lappe* ſignifie un homme qui fait & dit toutes choſes mal à propos. Les Allemands n'ont connu ce pays que long-tems après les *Finnes,* les Suédois & les Moſcovites. Les plus anciennes Hiſtoires d'Allemagne ne parlent nullement de la Lapponie ; & la ſignification du mot *Lappe,* pour déſigner un homme ſtupide & maladroit, n'eſt point particulière à la langue Allemande. Les Ruſſes appellent les habitans de la Lapponie *Lappes* & *Lappons,* & comme la langue Ruſſienne n'a rien de commun avec les autres langues de l'Europe, il n'y a pas apparence que les Ruſſes ayent emprunté des Allemands le nom qu'ils donnent à un pays dont ils poſſédent une partie. Au reſte les Lappons ne ſont ni auſſi ſtupides, ni auſſi mal adroits qu'on ſe l'imagine. Ils cultivent certains Arts, ils font des ouvrages à l'aiguille, & portent des habits brodés d'or & d'argent.

Scheffer croit que la Lapponie a été ainſi appellée, parce qu'elle eſt habitée par les *Lappes,* dont les noms dans la langue des *Finons* ou *Finois,* veut dire chaſſés du pays, & pouſſés juſqu'aux lieux les plus reculés. En effet, les Lappons ont été obligés de quitter la Finlande, dont ils étoient originaires, & c'eſt pour cela que les *Finnes*, les *Suédois*, & les *Ruſſes*, les ont nommés *Lappes*, ou *Lappons*, & de *Lappon* on a fait le nom de *Lapponie* qu'on donne au pays. Les Lappons eux-mêmes appellent la terre qu'ils habitent *Sabmienladti*; & regardent le nom de *Lappon* comme un épithéte injurieuſe. J'ajouterai que ce nom eſt nouveau, & que ni les Grecs ni les Latins ne l'ont point connu. Saxon le Grammairien, qui floriſſoit vers la fin du douziéme ſiécle, eſt le premier qui ait parlé de la *Lapponie* & des peuples qui l'habitent.

Ce pays a été connu des anciens ſous le nom de *Schritofinnes*. Scheffer y joint celui de *Biarmie* qu'ils ont ignoré. Il dit qu'il comprenoit les *Cynocéphales*, les *Buziens*, les *Troglodytes*, les *Hymantopodes*, & s'étendoit entre les montagnes de la Norvege, vers l'Occident; entre l'Océan ſeptentrional, vers le Nord & la Mer blanche, & le Lac de Ladoga, vers l'Orient.

Les Lappons n'ont ordinairement que trois coudées de hauteur; & l'on en voit même qui ſont encore plus petits. Ils ſont pour la plûpart laids & courbés, mais les Lappones ſont beaucoup moins laides. Elles ont les cheveux noirs, & un rouge naturel mêlé de blanc, qui n'eſt pas déſagréable. Les hommes ont le viſage pâle, baſané, le corps noir & comme roux, l'eſtomac large, le ventre petit, les cuiſſes & les pieds menus, la tête groſſe, le viſage & le front larges, les yeux bleus, enfoncés & chaſſieux, le nez court & plat, les joues pendantes, le menton long, les cheveux courts, droits, durs & noirs, de même que la barbe. Ils ſont coleres & brutaux, & les femmes très emportées.

La Lapponie eſt ſi voiſine du Pôle, que le ſoleil

ne s'y couche pas l'Eté, & que l'Hiver, il ne paroît jamais sur l'horizon. Ces peuples y ont en hiver trois mois de nuit, & autant de jour en été. Le froid y est si violent, que les fleuves les plus rapides se gèlent de l'épaisseur de deux ou trois coudées. La chaleur, comme on l'a dit ci-dessus, y est excessive en Eté, & les Lappons ne connoissent ni printems ni automne. Le pays est rempli de montagnes & de rochers. Celles qu'on nomme *Dofrims*, & qui séparent la Norvege de la Suéde, sont d'une hauteur prodigieuse, & les vents qui régnent sur leur sommet, empêchent les arbres d'y croître. On trouve au pied de celles qui séparent la Norvege de la Lapponie, des vastes forêts remplies de lacs, de marais, & d'arbres éloignés les uns les autres.

Les Lappons étoient autrefois payens, & leur Religion ne différoit pas beaucoup de celle des *Finons*. Le mot de *Jumala* signifie encore chez eux *Dieu*. Ils ont aussi adoré comme tel celui que les Suédois appelloient *Thor*, mais on ignore le culte qu'ils leur rendoient. Ils représentoient *Jumala* sous la figure d'un homme assis sur une espéce d'autel, une couronne sur la tête, ornée de douze pierres précieuses, avec un collier d'or de trois cent marcs au cou. On lui avoit bâti dans une forêt une espéce de temple, où les peuples venoient l'adorer. Ce temple étoit entouré d'une haie, fermée d'une porte, pour en défendre l'entrée à ceux à qui il n'étoit pas permis d'en approcher.

Les Lappons n'ont été instruits de la Religion chrétienne que depuis deux siécles. Lorsque les Officiers de Gustave alloient dans la Lapponie, pour y percevoir les droits, ils menoient avec eux des Prêtres qui baptisoient les enfans. Charles IX fut le premier qui fit bâtir des Eglises dans chaque contrée, & qui mit dans chacune des Prêtres entretenus à ses dépens; & depuis il y a toujours eu des Eglises de Chrétiens dans la Lapponie. Elles sont fort simples, mais fort propres. Les Lappons aiment & honorent leurs Prêtres, & leur donnent le titre d'*Hersai* ou de *Seigneurs*. Lorsque ces Prêtres viennent leur rendre visite, ils vont au-devant d'eux pour les prendre sur leurs rennes, & les amenent dans leurs cabanes, où tous les membres de la famille viennent les saluer avec beaucoup d'humilité. Ils observent les dimanches & les fêtes, & quelques-uns quittent le travail le samedi. Ils font aussi reposer leurs troupeaux & il y en a de si scrupuleux, qu'ils refusent de traire ces jours-là. Ils assistent à la prédication, & chantent les Pseaumes en commun. Ils font un si grand état des Sacremens, & surtout du Bâptême, que les femmes, dix ou douze jours après être accouchées, entreprennent de longs & pénibles voyages pour faire baptiser leurs enfans. Ils confessent leurs péchés avant que de se présenter à la communion.

Malgré les soins qu'on s'est donné pour détruire la superstition chez eux, la plûpart y persistent, ne pouvant se persuader que leurs ancêtres ayent eu assez peu de jugement pour n'avoir pas connu ce qu'ils devoient adorer pour Dieu. Ils observent les tems & les saisons, & établissent deux sortes de jours, les uns blancs, & les autres noirs. Ils mettent au nombre des noirs les fêtes de Saint Clément, de Saint Marc & de Sainte Catherine; & loin d'entreprendre ces jours-là aucune affaire importante, ils s'abstiennent de chasser. Ils font des réflexions superstitieuses sur le premier animal qu'ils voyent en sortant de leurs cabanes, & ne permettent point à leurs femmes d'en sortir par la même porte qu'ils en sont sortis pour aller chasser. Ils ne croyent que foiblement à la résurrection des morts & à l'immortalité des ames, & donnent au vrai Dieu & à Jesus-Christ des Dieux imaginaires pour compagnons. Ceux de *Pitha* & de *Luhla* ont trois Dieux, *Thor*, *Stor-*

junkare, & le *Soleil*, avec d'autres moins confidérables. Les Lappons révèrent les mannes, c'est-à-dire,
les ames des hommes, perfuadés qu'il en refte quelque chofe après leur mort. Ils craignent ces ames,
& les tiennent malfaifantes, jufqu'à ce qu'elles foient
rentrées dans d'autres corps. Ils ont aufli des fpectres
& des démons, qu'ils croyent roder autour des rochers & des montagnes, fur les lacs & les rivieres, &
leur rendent des honneurs divins. Ils admettent aufli
de bons & de mauvais génies, qu'ils appellent la
troupe des Julhins, & s'imaginent que ces efprits
courent par l'air, principalement au tems des fêtes
de Noël, qu'ils nomment *Julh*.

Le premier Dieu des Lappons qui font demeurés
idolâtres, eft appellé en fuédois *Thor*, ou *Thordoën*,
qui veut dire le *Tonnerre*. Ils lui donnent en leur
langue le nom de *Tiermes*, qui fignifie tout ce qui
fait un bruit effroyable, & celui d'*Aijeke*, aieul,
bifayeul & trifayeul. Ils l'adorent comme ayant pouvoir de vie & de mort fur tous les hommes, & le
droit de châtier & de foudroyer les Démons mal-
faifans. Ils lui donnent un arc pour qu'il puiffe dé-
cocher fes fleches fur eux. Ils adorent ce Dieu derriere
leurs cabanes, dont il n'eft éloigné que d'un trait de
fléche. La figure de ce Dieu eft de bois de Bouleau.
Ils donnent à cette Idole une forme groffiere, & en
font la tête avec la racine du Bouleau, & le refte du
corps avec le tronc du même arbre. Pour qu'on fçache
que c'eft l'Idole de *Tiermes*, ils lui mettent dans la main
droite un marteau, & lui fichent dans la tête un clou
d'acier ou de fer, auquel ils attachent un petit cail-
lou, afin qu'il puiffe faire du feu lorfqu'il lui plaît.
Tous les ans, à l'approche de l'hiver, ils renouvellent
fa ftatue, & lui immolent une renne mâle, lui per-
çant le cœur avec la pointe d'un couteau. Ils reçoi-
vent dans un vafe le fang qui en fort, & en frot-
tent la tête & le dos de l'Idole, lui en traçant fur l'ef-

tomac des lignes en forme de croix. Ils mettent devant cette même Idole une espéce de boëte faite d'é-
corce de Bouleau, pleine de petits morceaux de chair,
pris de toutes les parties du corps de ce renne, avec la
graisse fondue par-dessus.

Le second des principaux Dieux des Lappons idolâtres est appellé *Junkare*. Ils sont persuadés que la
plûpart des biens ne sont accordés aux hommes que
par son ministere, & que tous les animaux sont sous
son empire. Ils prétendent qu'il a souvent apparu à
ceux qui pêchoient ou chassoient aux oiseaux, sous la
figure d'un homme de belle taille, vêtu de noir,
tenant à sa main un mousquet, avec des pieds sem-
blables à ceux des oiseaux; que toutes les fois qu'ils
l'ont apperçu sur le rivage ou dans le bateau, leur
pêche a été heureuse; qu'avec son mousquet, il a plusieurs fois tué des oiseaux, qu'il a distribué à ceux qui
étoient présens. Le lieu où ils le revérent est un ro-
cher, le bord d'un marais, ou quelque caverne
inaccessible. Sa figure est de pierre. Ils immolent à
ce Dieu un renne mâle; ils lui passent un filet rouge
au travers de l'oreille droite, & l'attachent derriere
la cabane, au même endroit où ils ont coutume d'at-
tacher la victime de *Toron*. Ils l'immolent ensuite
de la même maniere, en gardant aussi le sang qui
en sort. Cela fait, celui qui est chargé du sacrifice,
porte le bois de la victime, avec les os de la tête &
du col, les pieds & les ongles, sur la montagne
dédiée au Dieu.